广东省邱炯亮名教师工作室
QIU JIONG LIANG TEACHER STUDIO

初中数学探究
教学研究与实践

邱炯亮◎著

民主与建设出版社

·北京·

图书在版编目（CIP）数据

初中数学探究教学研究与实践 / 邱炯亮著. — 北京：
民主与建设出版社，2021.6

ISBN 978-7-5139-3619-4

Ⅰ.①初… Ⅱ.①邱… Ⅲ.①中学数学课—教学研究
Ⅳ.①G633.502

中国版本图书馆 CIP 数据核字（2021）第131984号

初中数学探究教学研究与实践
CHUZHONG SHUXUE TANJIU JIAOXUE YANJIU YU SHIJIAN

著　　者	邱炯亮	
责任编辑	刘　芳	
封面设计	言之凿	
出版发行	民主与建设出版社有限责任公司	
电　　话	（010）59417747　59419778	
社　　址	北京市海淀区西三环中路 10 号望海楼 E 座 7 层	
邮　　编	100142	
印　　刷	北京政采印刷服务有限公司	
版　　次	2021 年 8 月第 1 版	
印　　次	2021 年 8 月第 1 次印刷	
开　　本	710 毫米 × 1000 毫米　　1/16	
印　　张	12.25	
字　　数	221 千字	
书　　号	ISBN 978-7-5139-3619-4	
定　　价	45.00 元	

注：如有印、装质量问题，请与出版社联系。

　　新课程改革背景下，初中数学教学培养目标从注重掌握知识转向更强调数学能力与素质的培养。在中国基础教育领域数学教学中，学生探究学习能力的发展水平并不高，大多数情况下都是教师非常辛苦地给学生"灌输"知识，有时候恨不得亲自替学生学习。然而即便是耗费了大量的时间与精力进行学习，学生的数学思维和数学能力并没有得到显著发展，甚至部分学生在学习数学知识之后，除了套用一些模式来解题之外，基本上很难通过思考解决现实的数学问题，并且对于探索数学新知识也缺乏能力和兴趣，从而在未来的研究与发展中没有优势。美国芝加哥大学教授施瓦布（J.J.Schwab）在进行题为"作为探究的科学教学"的演讲时，正式提出了探究式学习的概念，强调通过探究教学的方式，培养学生主动探索的意识，让学生在探索过程中实现真正的成长。为了更好地探索探究教学在初中数学教学中的应用，本书作者邱炯亮老师在2018年7月至2020年7月之间主持了惠州学院–惠州市教育局共创国家教师教育实验区专项重点课题"初中数学有效探究策略及案例分析研究"，并如期顺利结题，课题成果被评为"优秀"等次。为了更好地与同行进行交流，邱炯亮老师将课题研究成果整理成专著，也就是《初中数学探究教学研究与实践》一书。

　　《初中数学探究教学研究与实践》从初中数学教育教学发展的现状出发，指出当代初中数学教学的要求、特点与存在的问题，并且认为探究教学模式是解决问题的有效手段之一。为了让读者更好地了解初中数学探究教学模式，作者对初中数学探究教学的基本概念、内涵、理论基础、探究问题类型、特点和解决方法进行了详细的阐述，能够引导读者建构与完善相关理论框架。在理论探析的基础上，作者从模式、组织、培养和评价四个维度阐述初中数学探究教学活动开展策略；从数与代数、图形与几何、统计与概率、综合与实践四个内容领域探索初中数学探究教学活动开展策略；从错误反思、家庭教育、数学活动、自主课堂、活动评价等不同教学情境中对初中数学探究教学活动进行反思，认为初中数学探究教学的目的是通过探究数学教学方式，让学生在接受数学知识的同时，树立自主学习的信念，主动学习自行获取数学知识的方法，进而获得终身受用的数学知识和探索能力。由此可见，本书理论解读详细而具体，并且具有较强的实际操作性，尤其是在策略和途径板块，都有相关的案例解析，能给读者较为具体的借鉴，从而提高本书的实用价值。

作者认为，初中数学探究教学也存在一些现实问题，如有的教师不愿意探究，认为探究教学很难真正落实；有的教师盲目探究，不考虑探究教学的要求与内在特点，什么教学内容都拿来探究，导致探究教学质量偏低；有的教师没有给学生充足的时间与空间进行探究，教师介入时机把握不当，使得探究活动没有真正进行下去，导致探究教学活动的参与度不高等。针对这些问题，书中都进行了分析与研究，作者认为可以从学校、教师和学生三个层面来进行解决，并提出了具体的策略：学校要支持探究教学研究，为探究教学活动的开展提供平台；教师要提高探究教学的能力与水平，真正懂得探究教学；学生要有探究的动力、探究的兴趣与探究的能力，从而发挥探究的自主性。因此，本书也是从实际出发，尝试解决现实问题的一种积极探索与思考。

总而言之，在初中数学教学中，探究教学的有效使用可促使学生掌握数学发现的方法，形成迁移能力，最终养成勇于创造的精神。作者通过对探究教学模式的研究和实践，将初中数学课堂打造成开放性的学习平台，以教师为主导，以学生为主体，激发学生对数学的兴趣，充分挖掘学生的潜能，让学生自觉、主动地进行数学知识的探索，掌握解决数学问题的思路和方法，同时培养他们合作学习的意识、能力，促进学生数学能力与素质的提高，推动初中数学教学品质的提升。

目录

第四章 初中数学探究教学的开展途径 \ 115

第五章 初中数学探究教学的反思与展望 \ 163

第 一 章

初中数学教育教学的发展情况

1

初中数学具有独特的地方，作为初中数学教师，应了解初中数学的特征，分析初中数学存在的问题，找出一些对应的措施和建议，以此为基础对初中数学未来的发展进行深刻思考。一名优秀的初中数学教师必然要深刻了解初中数学的规律及特点，顺势而为，引导初中数学教育教学顺应当代数学教育的发展趋势。

第一节　初中数学教育教学的特点

一、数学学科特点

数学作为一门研究数量关系和空间形式的基础学科，其不仅严密完善，而且具有美感的符号体系、独特的公式结构以及形象的图像语言。和小学数学知识体系相比，初中数学在抽象性特点以及知识结构的推进方面逻辑性更强。首先，在教材知识衔接上，前面所学的知识往往是后面学习的基础与前提；其次，在掌握数学知识技能技巧的要求与标准上，新的技能技巧的形成通常需要借助已有的技能技巧，呈现逐步递进的关系。深刻认识数学的这些特点，改进学习方法，提高学习效果，颇有价值。

（一）高度的抽象性

抽象性是人类知识的一个独有特征，关系到人类思维的发展与形成，然而抽象性并非数学所独有，任何一门学科都离不开抽象，尤其是理工科领域的学科。数学的抽象，在对象上、程度上与其他学科的抽象都存在某些客观差异，数学知识体系是借助抽象建立起来并借助抽象而发展的。数学之抽象撇开了对象的具体内容，而仅仅保留了数量关系和空间形式。在数学家眼中，在数学思维体系中，五块石头、五辆车、五朵金花与五个面包之间在本质上并没有什么区别，都意味着数量"五"。几何中的"点""线""面"等概念，以及代数中的"集合""方程""函数"等概念皆为抽象思维产物。在数学中，"点"被视为没有大小的事物，"线"被视为无限延长而无宽无高的事物，"面"则被视为可无限伸展的无高的平面。实际上，理论上的"点""线""面"在现实中是不存在的，只有充分发挥自己的空间想象力，将其抽象出来，才能真正理解。数学的抽象性可以使人们摆脱实际生活的束缚，让思维自由飞翔。然而数学的抽象性给数学学习者带来了一定的思维障碍，使得很多人对数学敬而远之。

（二）严密的逻辑性

逻辑推理是数学的另一个显著特点，数学具有严密逻辑性，这意味着任何数学结论都必须经过逻辑推理的严格证明或论证才能被承认，即使最简单的数学规律，也需要严谨定义与证明。逻辑的严密性同样并非数学所独有，但数学对逻辑的要求不同于其他科学，因为数学领域的研究对象是具有高度抽象性的数量关系和空间形式，已经完成形式化，而脱离了具象化。例如，一元二次方程求根公式的得出、两条直线位置关系的确定等，现实中并没有客观的具体案例。数学运算、数学推理、数学证明、数学理论的正确性无法像自然科学那样借助可重复的实验来检验，而只能借助严密的逻辑方法来推理论证。数学问题的解决不仅要遵从数学规律，而且要合乎逻辑。可见一个数学问题的解决存在两方面要求：一是符合数学规律，二是合乎逻辑。

（三）广泛的实用性

数学的实用性很容易被忽略，然而实用的广泛性是数学的典型特征之一。作为一种工具或手段，数学几乎在所有科学与社会领域中都被运用。各门科学的"数学化"是现代科学发展的一大趋势。著名数学家华罗庚教授曾指出："宇宙之大，粒子之微，火箭之速，化工之巧，地球之变，生物之继，日用之繁，无处不用数学。"数学应用的例证不胜枚举，在科学研究中，在日常生活中，在生产管理中，都时刻在应用数学。目前，数学应用知识已然渗透到现代科学、技术的各个领域，以及国民经济的各个部门，可以毫不夸张地说，若没有数学，就不可能有现代科学技术和现代社会文明。

综上所述，数学的三个显著特点是互相联系的，数学的高度抽象性决定了其逻辑的严密性，同时又保证其广泛的实用性。

二、数学教材特点

《义务教育数学课程标准（2011年版）》提出：教材是学生学习活动的基本线索，是实现课程目标、实施教学的重要资源，注重体现生活与数学的联系，为学生提供看得到、听得见、感受得到的基本素材；注重创设问题情境，引导学生在活动中思考、探索，主动获取数学知识，促进学生学习方式的转变，力求实现"知识与技能，数学思考，解决问题，情感与态度"四个方面的课程总体目标[①]。教材从联系实际、与时俱进的角度对学习内容和知识结构进行了科学合理的编排，设立了"思考与探索""操作与思考""尝试与交流""猜想与验证""拓展与延伸""数学实验室"等栏目，每一个栏目的设计不仅有助于学生学懂数学知识，掌握解答数学问题的技能，而且能引导学生体会数学的本质与思想方法。教材采用螺旋式递进的方式对数学知识进行逐步渗透与拓展，在每个年级段都要安排一定内容的数的计算、几何知识和应用题，下一个年级段则在前一个年级段的基础上再逐步拓展有关的数的计算、几何知识和应用题。经过数年反复循环，形成数学基础知识的完整体系，整体呈现由浅入深、由易到难、循序渐进的特点。此种编排方式无论对教师的教学，还是对学生的学习，都能较好地完成知识的传授与知识的接受。

（一）注重图文并茂创设情境

教材利用彩色画面，注重内容的图文并茂，深受学生喜爱，有效利用主题图创设教学情境。新教材除了文本所蕴含的教学资源外，每一幅主题图都包含丰富的教学资源，可辅助学生感受教学情境，利于新概念与新知识的形成，增加教育容量，使教学活动真正成为一个生动活泼富有个性的过程。

---

① 中华人民共和国教育部.义务教育数学课程标准（2011年版）［M］.北京：北京师范大学出版社，2012.

（二）注重过程和数学思想方法

教材通过设置观察、思考、探索等思维认知活动，引导学生亲身经历知识的形成过程，使学生的学习过程更多地成为其发现数学、了解数学、体验数学的过程。注重过程不仅能引导学生更好的理解知识，而且有利于达到新课改要求的"过程性"目标。在"阅读"栏目中，对渗透在"过程"中的基本数学思想方法加以简要介绍。

三、学习者特征分析

初中阶段属于青少年年龄段，是个体从童年向青年的成长过渡时期，这一阶段的学生半成熟、半幼稚，独立性和依存性并存交错，生理上的急剧变化和学习活动的变化使他们的心理出现了一次飞跃。他们开始有自己的见解和方法，同时他们的注意力不再像从前那样仅仅关注课本知识，他们还渴望进一步接触、进入社会，他们开始拥有更加丰富和独立的兴趣爱好。部分学生的注意力会变得分散，不仅关心学习，还在养成自己的习惯、特长以及爱好。同时，初中生的认知能力有了提高，知识体系更加完善，心理活动随意性已显著增强，可以长时间地集中精力学习，并能合理调节自己的行为。学生的抽象逻辑思维逐渐开始形成并呈现占主导地位的特点，反省思维出现，然而抽象思维在一定程度上仍要以形象思维为依托，因此形象思维依旧占重要地位。初中生思维的独立性和批判性已有所发展，然而由于他们阅历有限，知识结构不完善，其思维的独立性和批判性带有不少片面性和主观性。他们兴趣广泛，但是容易固执偏颇，愿意探索而又缺乏自制力，不愿意读死书，但是又很难找到灵活的学习方法。基于此，教师应重视并及时对其进行学习方法的指导，根据初中数学课程的内容与思维特点，结合此阶段学生的心理、生理特点来培养学生正确的思维方式，充分利用各种他们感兴趣或者容易引起他们注意的案例来引导他们发展抽象逻辑思维，使他们努力克服思维中的片面性及主观性。

第二节 初中数学教育教学中存在的问题

一、学生存在明显的厌学畏学情绪

在初中数学教学中，学生两极分化现象逐步显现，该现象的出现与初中数学知识特点的变化存在一定关系。对数学成绩差的学生而言，甚至会出现明显的厌学畏学现象。部分学生畏惧且厌烦数学的根源有以下一些因素。

（一）非智力因素

1. 学习自觉性差

部分初中生对学习缺乏正确认知，认为数学知识难学且没有实际意义，学习自觉性差，缺少学习的积极性。同时他们很难体会到数学学习的乐趣，认为学习是为了满足教师与家长的要求，甚至是被逼的。基于此，他们会敷衍学习，如在最低质量的水准上完成学习任务，甚至会抄作业，根本不关心数学思维与能力的发展。

2. 学习意志薄弱

由于数学学习抽象性提高，对于学困生来说，他们的知识不系统、不连贯，没有形成良好的认知结构，不能为连续学习提供必要的认知基础。在初中数学学习中，如果学生对前面所学的知识掌握不好或未理解，就会直接影响深一层次内容的学习，就会造成知识脱节，跟不上学习进程。因此，没有坚强的学习意志力是很难学好数学的。由于观念与习惯等因素的影响，教师与家长对学生的关心通常限于知识教育和物质满足，而缺乏意志力培养，这也导致部分学生学习意志薄弱。

3. 学习兴趣不高

兴趣是最好的老师，学生的学习兴趣或许来自知识本身，或许来自一种学习成就感。部分学生由于不习惯抽象思维，对数学内容理解困难，因此对数学知识本身缺乏兴趣；还有部分学生由于数学基础差，数学成绩不佳，学习数学容易出现挫折感，因此也对数学没有学习兴趣；还有学生则是认为数学学习是"无用的"，对个人前途没有价值，因此也没有学习兴趣。当然，教师教学方法死板也会导致不能有效激发学生的学习兴趣和求知欲。

4. 缺乏良好的学习习惯

（1）粗心。学生常常在简单的计算上出错，把除号看成加号，把加号看成除号；草稿随意写，桌子上写，书角上也写；不验算，不检查；书写不规范，例如，将7写得像1；没有读题习惯，审题不仔细。这些都是造成错误率高的重要原因。

（2）边学边玩，注意力不集中，不能专时专用。无法合理安排学习任务，分配学习时间，玩的时候不能痛快玩，学的时候不能专心学。

（3）不听不记，思维懒惰。有的学生既不愿意了解数学知识的推理过程，也不愿意记忆定律公式，如有理数的加减乘除法法则、一元二次方程求根公式等都不能熟记，更不去了解推理。

（4）思维单一，不能横向思考或纵深思考。部分学生在学习方程之后，知道x代表未知数，如果将x换成其余数字符号，就不懂得将其视为x联立方程了，这是一种思维的局限。

5. 分层培养意识不足

在同一个大班级中，学生的数学成绩有好，有中等，有差，那么对每个不同层次的学生来说，教师难以关注每个学生的具体情况。一般情况下，班级中等水平学生占多数，教师的大多数时间主要关注中等水平的学生，从而忽视了其余层次学生尤其是学困生的培养。

6. 学习动机不明确

学习动机有着特殊意义，部分学生学习动机不明确，在学校被动学习各种知识，在校外被动学习各种技能与习惯。由于缺乏学习动机，不少学生认为学习是被动的，甚至是被逼的。受逼学习也就对学生健康有活力地成长与发展构成了一种阻碍，甚至是一种伤害。

7. 学习态度不端正

学习态度很重要，它会影响学习表现与成绩。当前初中生学习态度方面的主要问题有：学习缺乏主动性；课上注意力不集中，教师布置的作业不认真完成；课后不能及时巩固、总结、寻找知识间的联系；不少学生回家缺少监督，学习不自觉，基本不复习。在学生的个性品质方面，部分学生厌学情绪严重，对数学学习不感兴趣，难以形成和体会愉悦的体验。

8. 依赖和畏难情绪

当代大多数初中生是家中的独生子女，自小比较受家人溺爱，再加上部分教师"满堂灌"式的教育方法，使得其不会自主学习，依赖心理严重，缺乏主动钻研和探索精神。部分学生存在畏难心理，一遇到困难就退缩，寻求帮助，毫无独立思考解决问题的想法。

9. 急于求成心理

很多学生急于求成，一学完数学理论知识就急着去做题，将其视为巩固知识的最好方法，然而正确的做法是：学完理论知识后，应该再仔细地复习课本，加强记忆层面对概念和公式的理解与熟悉，从而有效补充课堂上被忽视或是未完全理解的知识点，然后再做题。学生急于求成的急躁心理使得学生对某些知识一知半解，在解题过程中很容易卡壳，严重影响学生的自信心，导致他们厌烦数学这门学科。

（二）智力性因素

1. 思维方式与学习方法不适应初中数学学习要求

初中阶段的数学课程对学生的抽象逻辑思维能力要求明显提高，初二阶段更是数学学习分化最明显的阶段。初二学生处于从直观形象思维为主向以抽象逻辑思维过渡的一个关键时期，对学生的抽象思维能力考验较大。同时学生的抽象学习能力与思维个体差异较大，有的发展快一些，有的则慢一些，因此表现出数学学习与接受能力的差异分化。除了年龄特征、心理因素、知识建构与思维因素外，教师也很难具体把握好每个学生的实际情况，从而无法——指导学生掌握有效的学习方法，发展学生的抽象逻辑思维。很多时候，教师会把直观形象思维与抽象逻辑思维割裂开来，淡化直观形象思维对抽象逻辑思维的承托作用，这会使得学生数学知识的学习与思维训练出现不适应感。

2. 阅读能力差

有一个错误认知，认为阅读能力培养似乎仅限于语文等人文学科教学。对于数学，大多数初中师生只是认为只要多做题就可以，很少去认真阅读教材，也不要求提高阅读能力。实际上，在数学学习中，阅读能力也很重要。阅读不仅有利于强化记忆，而且有利于了解和感悟数学思想，尤其是随着社会实践的发展，数学题也越来越贴近生活，题目的要求对学生阅读理解的要求也在提高。初中生要想取得更优异的数学成绩，就必须大量练习自己的数学阅读能力。

3. 问题意识较差

探索始于问题，创造始于问题，有了问题，才会思考，有了思考，才有解决问题的方法，才有找到独特思路的可能。有问题虽然不一定有创造，但没有问题一定没有创造。对大部分初中生而言，他们只能够利用所学知识解决现有的数学问题，而根据所学数学知识提出问题的能力有欠缺。实际上，问题提出的能力才是数学思维的深刻体现。高层次的数学教学与研究活动基本上都是围绕着一个问题展开的，都是以解决问题为出发点和归宿的。因此，培养学生发现问题、提出问题、分析问题和解决问题诸能力的"问题数学"会变得更重要。

4. 联想能力较差

培养学生的联想能力，大致可分为以下几种类型：第一，类比联想。所谓类比，是指同类的比较和类似的比较。要比较，就要联想。很多学生在做一道数学题时，很难联想到类似的相关题目。第二，形数联想。数学中形数之间的关系是彼此相依的，要启发学生用"数"来巩固与研究"形"，利用"形"巩固研究"数"。第三，新旧联想。数学教学中必须注意新旧知识之间的联系，只有温故才能知新。例如，讲解对二次三项式的因式分解时，用求根公式对二次三项式的因式分解这个内容已经不讲，建议改换其他例子，很多学生就不知道回忆联想用乘法公式和十字相乘法等对二次三项式进行因式分解。然而很多学生缺乏联想能力，遇到问题只会按照某个单一思维模式去思考，如解决函数单调性问题会套用公式，但是很少能够联想到用函数图像解决。

二、教师教育教学观念和专业技能水平有待提高

（一）教育观念滞后，教学手段僵化

从客观角度来讲，由于现实因素的影响，大多数中学片面追求升学率的现象仍十分明显。在很多数学课堂教学中，依旧存在"一言堂""题海战术""灌输式"教育，很少真正切实关注学生思考能力、参与意识和创造能力的培养。学生每天的时间被上课、考试和作业塞得满满的，被沉重的课业负担所困扰，根本就没有时间去思考，去创造，去探索。学生强烈的求知欲望、科学探索精神及个性发展需求被忽视，也没有针对性培养，导致他们在动手能力、思维活跃性、实践性、表达、交流和团队合作等诸多方面综合素质偏低。造成这一现象的原因在于教师教育观念滞后，教学方法落后，部分数学教师依旧倾向于引导学生在课堂上接受最大限度的知识量，认为把自己所掌握的学科知识全部传授给学生就是对学生最大的负责，并不重视学生学习自觉性和思考能力的培养。

从教师的教学方式和手段来看，解题能力导向明显。部分教师在解析数学问题的过程中，数学的完整性被教师一遍又一遍地重点强调，在解题过程中，学生少写或多写一个步骤，即使结果正确也要扣分，很少关注学生的解题思维。这种训练虽有助于养成严谨的学风，但势必造成刻板教学。初中数学知识超越了小学数学简单、直观的特点，开始变得抽象和理论化，一下子使知识的学习变得枯燥、乏味，再加上部分教师依旧沿用过去"填鸭式""一言堂"的教学模式，导致学生在数学课堂上都是被动地学习，缺乏自主性。当思维培养跟不上数学知识的特点时，学生学习的困惑与烦恼也会随之增加，从而使学生越来越畏惧和厌烦数学学习，最后造成学生学习数学的信心完全丧失，成绩也越来越差。

（二）过度依赖多媒体教学，忽视了真正的探究教学

新课程理念已然得到广大教师的认同，课堂不是教师表演的场所，而是

师生之间交往、互动的场所，这一认知改变了过去只把学生当作观众，既没有沟通也没有交往互动的现象。曾经教师上课只告诉学生解决方法以及结果，然后辅以大量练习，这一教学模式逐渐被淘汰。部分教师由过去课堂只注重解题训练转变为现在注重引导学生自主探究。尤其是随着多媒体信息技术的迅猛发展，教师的教学方式也发生了巨大变革，广大教师越来越重视应用多媒体辅助教学，部分条件较好学校的各个教室中均配备了多媒体投影仪、电脑及网络，全校教师每学期都要接受由教育局统一组织的信息技术培训。客观来讲，用多媒体信息技术辅助教学对初中数学教学改革与质量的提高起到了一定的促进作用。

然而，近年来出现了一种趋势，那就是多媒体教学几乎成了公开课、优质课等的一项重要指标，公开课非用多媒体辅助教学不可，将其视为评价一堂好课的基本标准之一，甚至很多地方直接将有没有使用多媒体作为一项评分指标，从而导致很多教师不论需不需要、应不应该，都使用多媒体教学，即使明明知道不适合用多媒体的课也盲目使用。多媒体教学的滥用使得数学课堂教学重演示内容，而忽视了师生交流。部分教师为了充分体现多媒体的便捷性而将过多的内容展示于课件中，而很多学生跟不上教学节奏，甚至一些学生根本没兴趣看多媒体课件，从而降低了教学效率。看似热闹的多媒体教学忽视了学生真正的学习能力及探究能力的培养。

（三）教学愿望与实际教学行为存在冲突

数学教学的根本目的是引导学生学会用数学逻辑来思考问题，用数学眼光看世界，用数学知识与技巧来解决现实问题。我们的生活离不开数学，数学对社会发展非常重要。随着初中数学知识越来越抽象和理论化，学习数学知识的难度也逐渐加大，这使得学生在学习数学时出现了一些困难，部分初中生会感到数学学习提升很快。这其中有教师的原因，也有学生自己的原因。若想解决这个问题，并提高数学教学的课堂效率，教师需要以学生为中心，深刻把握学生的心理特点，推动探究式教学。教育专家指出：在教学中要开展多样化的学习方式，通过研究性学习、探究性学习，培养学生探究问题的能力和创新意识，鼓励并帮助学生在同学之间实施合作学习，促进学生之间相互交流、共同发展，促进师生之间教学相长。新课改的培养目标是使学生成为具有核心素养以及创新意识的人才，要让学生具有初步的创新精神、实践能力、科学和文化素养以及环境意识，要让学生具有可持续发展的能力，这是初中教学的愿望，也是目标。

尽管我国现在倡导新课程改革，努力将新教育理念运用于教学实践，尝试引导学生在课堂上学喜欢的数学和有用的数学，然而愿望很美好，现实则略有些残酷，数学教学目标与教学行为之间出现了分裂与冲突。初中数学是初中学生和教师都很重视的"主课"。现在很多学生十分重视数学，不惜挑灯夜战、废寝忘食地淹没在题海之中，他们非常辛苦，缺乏学习乐趣。与此同时，数学教师也绝不清闲，他们为学生做各式课题设计，积极组织各类测验、考试，三天一小考，五天一大考，还要批阅大量试卷、及时总结，在呕心沥血地工作。然而，在这种强化训练与学习模式下，大部分学生不但没有提高数学成绩，没有形成数学思维，反而部分学生产生了厌烦、恐惧情绪，学习兴趣和学习热情受到严重影响。即便数学成绩突出的学生，也对数学产生了误解，将数学当作互相竞争攀比和升学提分的重要工具。这是一种认知的偏差，对这部分学生以后的成长并不利。在初中生群体中存在这样一种错误认知：数学的学习与实际生活缺乏联系，没什么用处，只因为数学是升学的重要题目，其关系到升学，因而硬着头皮学下去，然而实际上数学对人的成长与思维发展具有极高价值，这就反映了数学学习目标与实际行为之间的偏离与冲突。

第三节 改善初中数学教学的策略

一、激发学习兴趣，提倡自主探索

在初中数学的学习过程中，若学生自己学着动手，会更易于理解数学知识，且对所学知识的印象更深刻，与此同时，大脑也在不停地思考，从而有利于数学思维的形成。这一模式可以让学生"做中学""练中悟"。实际上，"做""练""悟"是学生自主探究的过程，不仅锻炼了他们的思维能力，还使他们的动手能力得到了加强。

在课堂教学过程中，教师提出合理问题引导学生进行思考，可以激发学生的学习兴趣，让学生的主体性充分发挥出来，提高数学教学的效率。基于此，数学教师在备课时一定要加强学生问题意识的培养，设计合理的数学问题，让学生能够围绕问题展开探究。教师所设计的问题既要符合数学知识的特点，还要能够激发学生探究的欲望，同时还要简明，具有开放性、趣味性。为了更好地利用数学问题引导探究教学活动的开展，教师在设计问题时一定要考虑周到，语言准确精练，难易有机结合，具有一定的开放性。

教材是数学探究问题提出的依据，教材是教育部门组织教育教学组专家团队编写制定的，其服务对象就是学生，因此初中数学教师在设计探究问题时，必须充分挖掘教材里的探究因素，深入研究教材内容，在教材内容的整体结构、整个知识体系以及整个完整的呈现方式等多个方面对教材的内容进行更好的把握，充分发挥教材的真实作用，实现教材内容价值的最大化，提高学生的数学水平。发挥教材内容价值最大化主要体现在两个方面：一方面，在教材内容的深度上，要根据实际的教学情况给学生树立方向正确的教学目标，把学习量与难度巧妙结合，不让学生感到学习压力过大，也不至于过松，使知识的学习难度达到刚好学生通过适当努力就能学好的程度，实现学生的学习成就感，进而提高学生的学习积极性与兴趣，增强学生自我学习的主动性、自觉性，提高自身数学水平；另一方面，在教材内容的广度上，初中数学教师必须时刻以教学目标为中心，把广度与精度结合起来，在把握广度的同时，不要忽视了内容的质量，不要局限于教材的既定范围，要适当扩充，让广度与深度充分结合，让课堂教学内容更加饱满。教师在教学过程中并不是将教材上的例题给学生讲解完了就可以了，教师要创造性地使用各类教材和辅导材料，不能拿来就用，而是要对材料进行加工，结合实际生活，融入自己专业的学科知识和教学方式，对教材知识进行教学整合，从而设计出一套满足学生需要的、内容丰富的课堂教案，运用教材内容，引导学生积极探究。

二、以学生为主体，营造平等、开放的教与学的氛围

传统教学模式通常过于注重教师"尊严"，认为教师就是专家、权威，是教学活动的主导者，甚至部分人强调教师高高在上，学生就该服从教师。然而，现代教育理论认为学生才是学习的主体，学生才是教学活动的核心目标，在新课程改革的倡导下，平等、开放的教与学的模式得到广泛认可，它颠覆了传统教师主导的教学模式，强调建构平等的师生关系，定位教师为课堂教学中的组织者和引导者，而学生才是课堂的主人，是所有学校活动的主体。基于此，教师应放下架子，以平等的姿态成为学生学习的合作者。

教学的主体是学生，这是整个教育界普遍认同的理念。然而在传统的课堂教学中，教师讲、做，学生听、看的现象较为普遍，这种教学方式完全违背了学生主体的教学原则。在课堂教学设计过程中，教师要留给学生更多的时间进行自主学习和讨论，加强学生学习能力的培养，引导他们独立思考与主动探究，并独立解决问题。活动教学模式在激发学生主体性方面起着非常重要的作用。例如，在"测量旗杆的高度"这一教学活动中，教师可以通过设计对应的教学实践活动来组织教学。首先通过小组合作和讨论，总结出三种不同的测量

方法，每个小组根据自己的学习情况挑选一种方法进行实际测量：方法一，利用阳光下的影子；方法二，利用镜子的反射；方法三，利用标杆。其次，在确定实际测量方法之后，教师就将主动权交给学生，由学生自行安排与组织测量活动，独立完成测量、记录数据等活动。最后，每组学生根据本组所测量的实际数据计算出旗杆的高度。教学实践活动不仅锻炼了学生的实际动手能力和独立思考能力，更重要的是将学生的主体性充分发挥了出来，让他们成为探究教学的主体，有效提高了初中数学教学的质量。

三、重点培养学生的逻辑思维能力

在数学教学过程中教师要重视培养学生的逻辑思维能力，而学好数学的一个基本表现就是具有活跃的逻辑思维。数学作为描述客观世界的一门基础学科，其逻辑关联性很强，要教好数学这门学科，需要该科目教师思维严谨，具有给学生展示严谨逻辑思维的魅力，引导学生感悟逻辑思维之美，逐步形成逻辑思维能力。事实告诉我们，很多学生在课堂上听得明白，但学完之后，面对需要逻辑思维推理解决的数学试题却无从下手，缺乏逻辑思维能力已经成为影响学生成绩提高的一大瓶颈。要突破这个难点，教师应注重学生逻辑推理基本方法的训练，如采取综合分析法，即综合法和分析法相结合的方法。综合分析法就是从已知条件出发，找出有用信息，得出相应结论，再从题目的问题入手，看一看解决此问题需要哪些条件，最后将这两种方式进行对比，寻找其差距，找出正确的解题方法。这种解题方法和思路能够使学生将基础知识进行灵活运用。同时，扎实的知识积累是培养逻辑推理能力的一个重要保障。实践是检验真理的唯一标准，只有通过实践的检验，才可以让学生真正掌握理论知识。实践具有形象性、直观性的特点，这些特点可以有效吸引学生的目光，激发学生的学习兴趣，充分调动学生的各个感官，让学生主动积极地去思考、去探究，在探究过程中，逐步养成应用逻辑思维的习惯，这对于学生逻辑能力的提高也有一定帮助。例如，在教授统计知识时，教师可以让学生统计某一次测试成绩的情况，按照性别、分数段、错题数、知识点等进行统计，然后进行分析。这样的活动对学生应用知识有很大帮助，而且能够引导学生有效探究。通过这种方式加强学生的动手实践，能够提高学生学习的积极性，进而有效提升课堂教学的效果。

在实际初中教育教学过程中，教师应该具体问题具体分析，根据学生的实际情况进行有针对性的辅导，同时还应关注学生的个性发展，真正做到因材施教、循序渐进。教师还应准确把握学生的情绪变化，适时调整教学方案，从不同角度有目的地进行探索和创新，使教学实现课堂平等化、开放化、综合化，真正做到"授之以渔"。总之，现代社会的发展和进步不仅需要效率，同时也需要具有可持续性。教育也是一样，既要提高课堂效率，又要保证学生成长的可持续性，从而真正落实新课程改革的目标。

第四节　与时俱进认识初中数学教育教学

一、数学教育推动社会发展

（一）新时代对高素质人才的需求

时代发展需要更多高素质人才，高素质人才除了要学好丰富的理论知识，还必须学以致用，能够运用所学知识解决实际遇到的问题，如此才能推动时代发展。数学教学的目的是应用它去解决实际问题，因此数学是现代高素质人才必备的素养与能力之一。增强数学应用意识、培养学生的数学应用能力也是当代数学教育教学的任务与目标之一。《全日制义务教育数学课程标准（实验稿）》[1]中就有如下论述："应用意识主要表现在：认识到现实生活中蕴含着大量的数学信息、数学在现实世界中有着广泛的应用；面对实际问题时，能主动尝试着从数学的角度运用所学知识和方法寻求解决问题的策略；面对新的数学知识时，能主动地寻找其实际背景，并探索其应用价值""能从日常生活中发现并提出简单的数学问题""了解同一问题可以有不同的解决办法""有与同伴合作解决问题的体验"。这就要求广大数学教师在开展数学教学活动时，应着眼于学生的生活经验和实践经验，开启学生的数学视野，拓宽学生数学的学习空间，最大限度地挖掘学生的数学潜能，使学生形成数学文化素养，从而使学生感受数学与日常生活的密切联系，培养学生从周围情境中发现数学问题

---

[1] 中华人民共和国教育部.全日制义务教育数学课程标准（实验稿）［M］.北京：北京师范大学出版社，2012.

并运用所学知识解决实际问题的能力，发展学生的应用意识，为未来的成长奠基。

（二）科技与社会的发展倚重数学

现代科技的发展是建立在数学基础知识之上的，数学知识已经成为一切科学的基础。尤其是自20世纪中叶以来，第三次科技革命深度推进，现代信息技术飞速发展，极大地推进了应用数学与数学应用的发展，使得数学几乎渗透到了每一个科学领域及人们生活的方方面面。例如，计算机的发明和不断更新换代，以及云计算、大数据技术的出现与应用等，它们的发展一方面有赖于数学发展的需要，另一方面更体现了数学知识的广泛应用。这些新技术的出现与应用不仅推动了各个科学领域的发展，而且对人们的生产生活产生了巨大影响。自然科学的深入发展越来越依赖数学，而社会科学、人文科学也越来越多地借助数学知识及其思想方法。自然领域利用数学推动物理学、生物化学等领域的进步，人文领域利用数学模型解决社会交通拥堵问题，利用统计学研究扶贫问题等，数学知识不仅解决了这些学科中的一些问题，而且有力地推动了不同学科的发展。

数学是科学的语言，是推动科学向前发展的重要工具，它具有基础的地位。数学在人类发展史上具有不可替代的作用，并将在未来的社会发展中发挥更大作用。初中生学习数学不能仅仅停留在掌握知识的层面上，而应该注重数学思维与数学素养的培养，同时发展数学能力，真正学会应用数学知识探索解决问题。唯有如此，初中生所学的数学才富有生命力，才能真正实现数学的价值。

（三）学好数学有利于创业型人才的培养

创业与创新是当代中国的一个趋势，教育也注重培养学生的创新能力与创业素养，创业型人才是推动未来社会发展的重要人才。联合国教科文组织在面向21世纪教育国际研讨会上首次提出"创业教育"理念，要求把创业能力提高到与目前学术性和职业教育同等的地位。20世纪末，日本从小学开始进行创业教育，美国也鼓励毕业生自己创办事业。在创业过程中，数学思维有着独特的价值与意义，它的意义不仅仅体现在技术层面，更多地体现在思维层面。数学这门古老而又充满生命力同时兼顾理论性和应用性的课程被誉为"思维的体操",其中无论是理论,还是实践,都包含着丰富的知识和思维的技巧,对创业教育的实施有着很大的促进作用。

首先,数学知识的广泛应用性为学生创业奠定了理论基础。例如,基于函数知识讲述商品的销售总金额与销售量之间的函数关系,可以帮助创业者更好地分析市场或者定价,尤其是面对现代复杂的市场,数学知识能够基于模型建构与分析,对市场做出一个有益的探索,从而引导学生做出更合理的创业选择。可见,数学知识的传授能为学生以后创业打下良好的理论基础。

其次,数学是一门特色非常鲜明的学科,是塑造学生良好个性品质的重要载体。数学教学不仅能启迪学生的智慧,而且能激发学生探索知识的热情和毅力,尤其能够培养学生创新精神和坚韧不拔的意志,这对于创业是有帮助的。在数学教学中,教师既要关注学生数学学习的水平,更要关注他们在数学学习中所表现出来的情感与态度,帮助他们有意识地塑造自我和树立自信。教师在教学中既要创设成功的机会,让学生享受成功的喜悦,又要选择具体的探索情境或典型的解题过程,故意设置适度的困难,培养学生克服困难的意志和信心,从而为学生将来创业磨炼意志、树立信心做好准备。

再次,在现代社会竞争日益加剧的形势下,通过数学教学培养学生的创造意识和创造能力就显得尤为重要和迫切。从思维规律来看,数学教学比一般学科的教学对于培养创造能力更为有利。形象思维善于提出解决问题的各种尝试,抽象思维则善于按一定的逻辑程序有条理地解决问题。数学对于学生创造意识的培养与发展颇有益处,尤其是逻辑思维训练,非常有利于学生做出理性选择。

最后,数学是现代科技创业的重要基础学科。互联网、金融、芯片等技术领域是创业的热点领域,技术型创业将会成为主流,即使是服务行业,也需要丰富的数学知识。以本地生活服务的外卖平台为例,其需要通过合理的算法才能为外卖骑手规划最省事的路线,并且合理派单,从而提高服务品质,让骑手的工作效率更高,从而让企业在市场竞争中占据优势地位。日本数学教育家米山固藏曾说:"我搞了多年的数学教育,发现学生们在学校里接受的数学知识，因毕业后进入社会没有机会应用而很快忘掉了。然而，不管他们从事什么业务工作，唯有深深铭刻于头脑中的数学精神、数学的思维方法、研究方法和着眼点，都随时随地发生作用，使他们受益终身。"①

综上可见，数学这门学科蕴含丰富的创业教育元素，不管是技术层面，还是思维层面，都颇具价值与意义。数学教师应将数学教育和学生的年级、专业特点，以及就业目标结合起来，将创业教育的思想在数学教学中分解为若干个层次，设定具体的、切实可行的教学目标，努力做到因人制宜、因时制宜、因地制宜。

二、数学教育与素质教育

（一）对素质教育的认识

目前对于素质教育尚未有确切的定义，通常认为素质教育是一种基于能力培养目标的全民教育，也是一种开放式教育，更是一种学生自主学习与成长的教育，其根本宗旨在于提高全民族的素质，为个体成长助力。具体到教学中，素质教育主张在充分发挥教师引导与组织教学作用的前提下，广泛地让学生在教育教学活动中主动参与，积极思考，敢于实践，同时加强培养学生的自我意识、合作意识、创新意识，致力于发展学生的自我调控能力、创造能力以及各种社会适应能力。

（二）数学教育与素质教育

数学训练在概念层面让学生树立明确的数与量的观念，胸中有数，数量结合，注意事物数量指标及其变化规律；在思维层面，提高学生的逻辑思维能力，使他们思路清晰，条理分明，有条不紊地处理头绪纷繁的各项工作；在实践层面，让学生能够利用所学数学知识解决现实问题，将数学知识应用于现实工作与研究。

数学追求的是最有用、最普遍和最广泛的结论，和最低的、适用性最强的

---

① 施海兵. 例谈数学思维的品质［J］. 考试（高考数学版），2009（7）：73-75.

条件（代价），并开展最简明并符合逻辑的证明。数学训练可以使学生形成精益求精的行为风格，在研究与工作中力求尽善尽美。

数学训练引导学生了解数学概念、数学方法、数学定律以及数学理论的产生、建立、发展、完善以及突破的渊源和过程，了解并领会基于实际需要，根据理论与需求建立数学模型，然后利用数学模型分析并解决实际问题的全过程，从而推动数学知识的发展与应用，让数学展示出真正的价值与意义。

数学训练能够让人的思维变得更富有逻辑，能够化繁为简，直击事物本质，通过不断分析矛盾，透过事物复杂的表面，找出事物的规律，然后将其提炼出来，最终形成解决所有问题的普遍方式，解决同一类型的各种问题。数学训练有利于学生思维能力的提高，包括直觉思维和想象力思维，也包括抽象思维与具象思维。不管是数量分析，还是数据分析，抑或是结合分析，只要具备数学思维，就都可以直接抓住问题的本质与特点，从而找到解决问题的路径。

数学训练可以培养学生的探索精神和创造力。数学是一个巨大的丰富的领域，有无数的分支，各种数论、群论、微分、猜想等拓展了无数的研究分支，给学生提供了足够广阔的探索空间。对学生来说，当下或者以后，持续不断地改善所学的数学结论、改进证明的思路和方法、发现不同的数学领域或结论之间的内在联系、拓展数学知识的应用范围和解决现实问题，或者尝试探索将数学与其他学科交叉，拓展新领域，都是有价值的，并能展示聪明才智。

由此可见，开展数学教育与数学训练是提高素质教育水平的有效手段。素质教育需要数学训练培养学生的理性逻辑思维，以及解决现实问题的能力，而数学教育发展也需要素质教育理念作为支撑。

三、数学成绩的提高与核心素养的培养并重

在我国全面推行素质教育之后，教育界面临一个比较尴尬的问题：学习成绩和素质培养之间似乎存在某些矛盾，若强调素质教育，则数学成绩可能会出现下降；若重视数学成绩，则素质教育的预期目标难以达成。不管是高分低能现象，还是低分高能现象，都反映了教学成绩与素质培养的某种分裂。新课程改革背景下提出的核心素养理念深刻揭示了教学成绩与能力素养之间的关系，

指明了数学学科教学需要关注的核心能力素质，同时这些能力素质也有利于数学成绩的提升，是符合教育发展趋势的。从本质上来讲，初中数学教学中的数学成绩与核心素养之间存在深层次的协同发展性，不过在认知引导方面以及素养转化方面还需要加强。

由于传统应试教育观念的影响，在部分师生意识中，数学成绩与核心素养并非完全协调发展的关系，而是存在某种微妙的冲突与矛盾，数学成绩好的学生不一定数学核心素养就高，而数学核心素养较高的学生也未必体现在数学成绩好的方面。从本质上来讲，数学成绩与核心素养之间的关系并不存在冲突与对立，两者之间甚至有着密切的互动关系，要想真正了解两者之间的关系，需要从认知的角度和素养转化的角度进行理性分析。

（一）数学成绩与核心素养的协同发展

如今，素质教育观念深入人心，素质教育已然成为教育教学活动的重要方向，然而对于教学成绩与素质教育，部分师生有一种矛盾心理。虽然素质教育的观念得到了认可，但是素质教育的评价指标体系，以及其在升学机制中的作用和影响，尚未建立一整套可行的标准。现行升学体制还是以教学成绩（分数）作为最根本的参考依据和标准，任何一所学校、任何一名教师和任何一名学生基于升学的现实需要，都不得不高度重视成绩。对大部分学校而言，若是教学成绩上不去，则素质教育似乎也无从谈起。素质教育强调对学生素质与能力的培养，但并非不重视学习成绩，学习成绩也是素质教育的某项指标，然而在部分师生心中，甚至包括社会和家长的认知观念中，素质教育就是不要重视教学成绩，甚至有意识地极力弱化教学成绩的重要性，存在将素质教育的学习成绩对立起来的趋势。

其实，上述观念与认知是错误的，是一个片面的割裂的认知。从本质上来讲，教学成绩与素质（包括核心素养）两者之间是存在明显一致性的。以初中数学为例，每一个数学公式、每一道数学题目、每一堂数学课实际上都是数学知识体系的一部分，都是在讲述一种数学文化，都是在训练一种数学思维，都是在培养一种数学能力。即便是题目的设置与训练，也都是为了检验学生数学知识的掌握情况以及数学能力的发展情况，包括基于数学知识思考与解决现实数学问题的能力。纵观数学的发展历史，真正数学成绩很差而最终成为数学领域学者专家的人非常少，主要还是学习成绩较好的人成为数学领域的中坚研究力量，大部分数学家在读书时都会表现出某些数学天赋，数学成绩可能也会非常优秀，我们无法想象一个中学阶段数学成绩非常差的学生能够具备很高的数学核心素养。

数学成绩是数学教学效果的一种检测手段、测验结果及表现，同时也是评价指标之一。换句话说，数学成绩好的学生，从某种意义上来讲，是在一定程度上较好地了解了数学的知识体系并且掌握了某种数学能力。比如说一名初中生在运算方面速度较快，而且准确率很高，除了数学考试时，在运算方面占据优势有助于数学成绩整体提高之外，在他以后的学习、工作、生活中，这种数学运算方面的核心素养能力也会体现出明显的优势，能够迅速估算各种数据，从而做出合理的决策。随着新课程教育改革的推进，教育教学理念在进步，教材编写也在不断改善，教学方式也在持续改进，教学评价体系深度完善，数学成绩与核心素养之间在本质上的协同发展性特征明显增强。

（二）从认知引导的角度看数学成绩与核心素养的关系

现实中，社会上以及部分教师对于数学成绩和核心素养之间关系的认知是存在矛盾与冲突的，这是一种偏颇认知，对数学教学的发展不利。这一观念甚至影响了部分学生，部分初中生在遇到学习困难的时候，就用"成绩不代表能力"的理由来安慰自己，甚至因此放弃学习，数学成绩明显下降。对绝大部分学生而言，成绩下降之后，核心素养也并没有提升起来，这就是基于一种认知的错误。实际上，真正具有核心素养的学生，成绩通常都不会差。

作者曾经教过一个学生，该学生长期挂在嘴边的口头禅就是："成绩又不代表能力，成绩好有什么用？我不稀罕。"当然，现实中，他的数学成绩也是比较差的，属于十次考试九次不及格的那种，其余科目的成绩还可以，属于中等。从智力角度来讲，他的智商还是不错的，挺聪明的一个孩子，就是因为认知观点的问题，导致数学成绩差得一塌糊涂，但是他自己表现得毫不在乎，而且颇有点"沾沾自喜"的味道。作者根据观察与分析，认识到其实他不是没有数学学习能力，只是没有从认知的角度认清楚数学成绩与核心素养的关系。

面对这种情况，若只是从数学知识的角度强迫他学习，可能效果很差，甚至触发其逆反心理，不仅无法达到预期的教育效果，反而会进一步导致其对数学学习的厌恶。于是，作者有意识地收集了一些数学家和数学文化的经典故事，经常跟他聊天，通过潜移默化的方式来引导他认识到数学成绩是数学知识的检测体现，虽然数学成绩不完全代表数学的核心素养与能力，但是一个数学成绩都很差的人，其数学核心素养能力自然是无法提升上去了。在教育过程中，尽管作者没有给他讲述一道数学题，也没有强迫他学习任何一个知识点，但是通过这种方式纠正了他的认知观念，引导他对数学成绩的态度逐步改变，并且愿意投入一定的时间和精力学习数学知识，这种主动性的学习，其效果很好，经过一段时间之后，他的数学成绩提升明显。

从以上案例可以看出，正确的认知观念是真正认识数学成绩与核心素养之间关系的前提与基础。在初中数学教学中，不少教师忙着给学生阐述各种数学知识和给学生讲述各种题目的解法，而忽略了这种认知观念的引导与建立，没有及时纠正学生错误的认知观念，从而导致教学效果很差，不仅学生的数学成绩上不去，而且培养数学核心素养的预期目标也没有达到。

（三）从素养转化的角度看数学成绩与核心素养的关系

传统应试教育模式中之所以会出现高分低能现象，很大一部分原因就在于将数学知识转化为数学素质与能力的过程中，无法建立一个良好的转化通道与转化机制，学生仅仅记住了知识，而无法将知识转化为认知与能力。实际上，核心素养培养的教学体系本身并不否定数学成绩，实际上是希望通过数学知识体系的学习与建构来实现有效的转化，最终成为初中生的数学思维和能力，这是核心素养培养的一种重要方式。数学知识是数学素养培养的前提与基础，试想一下，若是连数学知识都不具备，何谈数学学科核心素养？数学知识与数学核心素养之间最关键的是一种转化。

以数据分析的知识点为例，在中考数学题目中，以及许多日常生活中，都有诸多数据分析的现实案例，希望学生通过自己的数据分析去得到相对准确的答案，从而做出合理的解决问题的方案，并且进行优化。如果干巴巴地讲述数据分析理论与知识，肯定会让学生感到无趣。其实在数据分析的实际应用方面，有许许多多非常经典的案例：某个美国著名高校的数学高才生利用天才般的数据分析与运算能力进入赌场赚钱，输多赢少，最后赚了数百万美元，这个案例甚至被拍成了电影《决胜21点》，这就是数学成绩转化为核心素养能力的表现，就是将自己学到的数学知识通过实践转化为能够运用的能力；还有俄罗斯一个计算机天才亚历克斯（Alex）也是一个数学天才，其不仅数学成绩好得吓人，而且他利用自己的数学知识破解了老虎机的数学原理，然后利用这种破解技术轻轻松松押中老虎机。数学是诸多能力的基础，甚至可以探索出事物现象背后的本质规律。在日常教学中，作者都会讲这些故事给学生听，让他们理解数学成绩，强调数学知识是可以转化为数学能力的，除此之外，还鼓励他们用自己的数学知识去分析、解释和解决现实的数学问题，引导他们主动将数学知识转化为核心素养。

数学成绩并不代表数学核心素养，但是数学成绩是数学知识的体现，数学知识则是数学核心素养培养的根基。学生认识到这点，加上合适的方式引导，就能实现数学知识到数学学科核心素养的转化。初中生思维活跃，但是由于年龄较小，阅历较浅，很多方面的认知仍旧处于一种相对不够深刻和全面的状态。在初中数学成绩与核心素养培养的问题上，很多初中生，甚至包括部分教师，都不能够建立相对理性的认知。只有深刻认识到两者之间在本质上的协同发展特性，并且找到数学知识转化成核心素养的渠道，才能够引导学生较早地重视数学，不仅数学成绩好，而且数学核心素养的培养也不会耽搁，最终实现两者协调发展、共同进步。

第五节　初中数学探究教学积极发展

科学探究能力是几乎所有理科科目共同的核心素养能力目标之一，而数学则是理科中的基础学科。数学探究教学模式的提出是由数学的特点及数学学习过程的特殊性所决定的。从本质上来讲，数学不同于其他自然科学，它具有高度抽象性与逻辑学的特点。客观实际、现实世界中的抽象只是数学的低级抽象，脱离具体事物的数量关系和空间形式的数学研究的抽象是数学的高级抽象，是一种形式化了的思维材料，是经过人类加工了的思想，是一种人类对自然界的概括和认识。这一抽象具有高度严谨性与普遍适用性，甚至在宇宙范围内都是适用的。因此数学教学必须重视探究教学，在我国教改潮流中，探究教学正在成为我国基础教育领域一种重要的学习方式，对初中数学教学产生了积极的促进作用。

一、数学探究教学的积极影响

（一）增强了学生的问题意识

学问，学源于问，有问题意识，才有探究学习活动。著名学者李政道博士曾经指出：我们的祖先创造了"学问"两个字，就是要"学会问问题"，而不是"学答"，现在很多青年很注意"学答"，而不是"学问"[①]。初中数学教学活动中科学探究能力的培养是重要的目标与任务之一，在数学课堂教学中，

---

① 海俊.浅谈中学地理教学促进学生提问能力探究［J］.东西南北，2011（4）：123-123，131.

教师通过创设问题情境，给学生创造提出问题的契机，培养学生发现问题、明确问题、提出问题与设计问题的意识和能力，并在解决问题的过程中培养学生的科学探究能力。在解决问题的过程中，学生会通过探究形成一种思维范式，这就是数学核心素养的体现。例如，在讲授尺规作图"作一个角等于已知角"这一课内容时，教师在引领学生作图完毕后，一个学生问道："我们画出的两个角相等吗？如何验证？"有的学生说用度量法验证，有的学生说用叠合法验证。对于学生的回答，作者并不直接告诉他们是否正确，而是引导他们自己去探索，让他们用自己喜欢或擅长的方法去验证自己作图的准确性。在作者辅导的时候，一位学生问道："这样画的理由是什么？"作者也不直接回答理由，而是采用启示的教学方法引导学生去探索。

在此教学环节中，学生根据自己的困惑大胆提出有价值的问题："我们画出的两个角相等吗？怎么验证？"以及"这样画的理由是什么？"这两个问题引发学生对解决此类数学问题进一步探究，特别是第二个问题，学生现阶段所学的知识是解决不了的，但是可以引导学生形成一种探索思维，如果教师处理得当，就会使学生对自己遇到的问题进行自主探究，进而培养学生的探究意识和能力。

（二）培养了学生的探究意识

小疑则小进，大疑则大进，学生在数学学习过程中经常有疑点，说明学生在认真思考，在努力探索，有问题意识，才能激起好奇心，才会积极思考问题并尝试解决问题。科学探究能力培养的教学把质疑、释疑、解疑作为教学过程的重要环节，教师通过对学生质疑、问难、解疑的指导，让学生学会在知识的探索中、在与新旧知识的对比中提出问题，从而加深对知识的理解与认识，使学生学得更为主动、对知识的印象更为深刻，进而在教学过程中增强学生的探究意识。例如，讲授知识点"用尺规作一个角等于已知角"时，在引领学生作图时，一位同学问道："为什么要这样画？"作者对这个突如其来的问题进行解答："首先你很勇敢，敢于把心中的疑惑在课堂上表达出来，其次你提的问题也很有价值，不过以你现在所学的知识尚不能解答这个问题，但是在你后续的学习过程中会找到答案，你可以提前探索思考一下，我给你提示一下，可以从三角形全等条件的角度去研究。"在后续讲授完两个三角形全等的条件后，这名学生告诉作者：他知道了用尺规作一个角等于已知角的缘由是根据两个三角形全等的条件中的"SSS"公理得到两个全等的三角形，全等三角形的对应角相等。该学生的探索行为对作者的触动非常大，作者认为课堂上对学生提出问题的合理解答与引导能够最大限度地激发学生对学习过程中遇到的问题主动探究的意识和欲望。

（三）发展了学生的探究能力

注重科学探究能力培养的数学教学活动培养了学生探究学习的习惯，发展了其探究能力，在此后的学习中，不管是在学校，还是走出校门，学生都能自主、自觉地学习；同时，科学探究能力培养目标下的合作学习使学生形成了健康的社会情感，培养了学生一定的社会责任感；科学探究能力培养要求下的问题情境的分析求解培养了学生的创造性精神。由此可见，初中数学教学中科学探究能力培养的教学过程培养了学生科学探究的意识和能力。

例如，在讲授多边形的内角和与外角和时，为探究得到多边形的内角和定理设计如下教学活动[1]：

教师先简单阐述一下已经学过的三角形、四边形的内角和知识，然后引导学生谈一谈如下问题：

我们已经知道，平行四边形的内角和是360°，那么，任意一个四边形的内角和是多少度呢？谈一谈你的想法，并与同学进行交流。

（1）过五边形ABCDE的顶点A的两条对角线AC、AD把五边形分成三个三角形，你能说明五边形ABCDE的内角和是多少度吗？

（2）请你仿照上面的方法，说明六边形内角和的度数是多少。你还有其他方法对你得出的结论进行验证吗？

（3）n边形内角和的度数是多少？

由平行四边形的内角和是360°，到任意一个四边形的内角和，通过用对角

---

① 吴明光. 课堂教学改革设计与实践——以探究《多边形的内角和》为例浅析［J］. 新课程教学（电子版），2017（12）：32-35.

线分割五边形成三角形来计算五边形内角和的办法，进一步启发学生解决多边形内角和问题的一般思路，再用计算六边形内角和的具体操作过程建立一般求解方法，为计算n边形的内角和奠定基础。在教学过程中，通过对平行四边形—任意四边形—五边形—六边形—n边形内角和的探索过程，引导学生体会这部分知识有一个从一般到特殊的认识过程，通过问题"你还有其他方法对你得出的结论进行验证吗？"引导学生用不同的方法探索多边形的内角和公式，如采取将多边形分割为三角形的方法，将未知的知识转化为已知的知识，对于分割点的选取可以在多边形的内部，可以在多边形的顶点上，可以在多边形的边上，可以在多边形的外部。在此过程中，培养学生对问题的探究能力，同时增强教学效果，使学生对多边形内角和公式的知识掌握更加牢固，通过探究获取的知识，学生的印象会更深刻，而且具备进一步拓展的可能性。

（四）培养了学生的合作意识

既然探究面对的是未知，那就存在失误的可能。失误是探究教学活动的正常结果，教师切忌大惊小怪。错误的探究也是一种进步，至少论证了某种错误。小组探究模式是常见的探究学习方式，也是培养学生合作探究能力的主要方式之一。在小组探究学习活动中，正确认知探究错误，学生逐渐学会了如何宽待别人的失误，学会了如何接受别人的建议和意见，学会了如何倾听，学会了如何讨论，学会了如何友好地指出别人的缺点和失误。在小组探究学习活动中，学生逐渐意识到了在小组中与同伴合作是每个学生在小组研究学习中应当具有的良好品质，任何蔑视合作、取笑他人、拒绝帮助他人的行为都是不可取的，也不是有效的学习方法。

例如，"频数与频率的概念"这一教学环节，设计如下活动：

小组成员一起探究：

一个袋子中有大小相同的5个球，其中，3个红球、2个黄球。从中任意摸出1个球，记事件A="摸到红球"，B="摸到黄球"。

（1）你认为事件A和B哪个发生的可能性大？

（2）4名学生一组，依次从袋子中摸球，记下球的颜色后，将其放回袋子，重复30次试验，记录事件A和B发生的次数。

（3）汇总全班各小组的实验结果，统计摸到黄球和红球的次数，计算摸到黄球和红球的次数占试验总次数的百分比，将结果填入如下统计表。

事件	A摸到红球	B摸到黄球
次数		
合计		
百分比		

（4）事件A和B发生的次数所占的百分比大小有什么规律？

（5）用哪两个数值可以刻画事件A和B发生的可能性大小？

通过探究发现，学生不仅认识到同一个试验同一个人做不同的次数，同一事件的频率可能不同，而且同一个试验不同的人做相同的次数，同一事件的频率也可能不同。当试验的次数较少时，看不出什么规律，但当试验的次数足够多时，频率呈现出明显的规律，这就说明一个学生的探究活动可能具有局限性，尤其是涉及概率、数据分析等方面的内容时，从而让学生认识到合作的重要性：每个人做次数足够多的试验需要花费大量的人力、物力，而全班所有的同学一起做这个试验就会变得轻松多了，而且可以通过讨论发现某种数学规律。

二、探究教学对学科教师成长的促进作用

（一）促进了教师观念的改变

在科学探究能力培养的教学模式中，教师的正确定位应该是学习活动的组织者、学习过程的引导者、学生学习的合作者，以及学生学习困难问题解决的辅助者与点拨者。从客观的角度来讲，教师在知识、理论、能力与经验上具有相对优势，因此在课堂教学中，教师要合理运用启发诱导方式，引导学生在学习过程中发现（提出）问题、分析（探索）问题、解决问题，在这一系列过程中，培养学生的科学探究能力。在探究能力培养的课堂中，教师也是一名学习者和研究者，教师本身知识也有局限性，而为了更好地引导学生探索，教师要

不断拓展自身知识的广度与深度，这样才能逐渐向智慧型、研究型教师转型，成为知识渊博型教师，才能够更好地在课堂教学中发挥组织者、合作者、引导者的作用。学会倾听很重要，这是了解学生的途径，也是引导他们探究的重要前提。教师要了解学生的情况，认真倾听学生对数学问题有什么样的思考和见解，在倾听的过程中，发现学生的闪光点，抓住时机培养学生的探究能力，即便是错误的，也是探究的契机，因为可以通过错误反思和纠正探究方法。教师的教学技巧可以通过学习与训练来获得，然而真正的教育智慧则需要去悟，不仅是理智和创造性的行为方式，更是对优秀教学经验的总结、挖掘、提炼，以及对教育事业的热爱。那些热爱教育事业、追寻教育梦想、探究教学之路、创造教学模式的教师是智慧型的教师，是优秀的人民教师，更是具有生命力的教师。

（二）促进了师生间及教师间的合作

在新课程理念下，教师是学生学习过程的合作者、引导者和参与者，教学过程是师生交往、教学相长的一个互动过程。这一过程不仅是严格地执行课程规划与安排的过程，还是教师与学生一起开发课程、创建课程、完善课程、丰富课程的过程。在传统教学模式中，教师把如何教放在首位，而在新课程改革背景下，在探究教学过程中，则要求教师把教的过程变成引导学生学的过程，教师应该把教会学生如何学放在首位，以学生的学习需要为主线，确定学生的主体地位，教师和学生面对知识共同探讨、合作研究、平等对话。在探究教学模式下的师生关系中，教师与学生应该是共同探讨知识的志同道合者，师生之间平等的交流有助于教师完成教学任务，以及学生学习能力与数学思维得到真正的发展。在探究教学过程中，师生之间的合作与了解不断增强，这种师生关系的转变大大激发了学生的求知欲，他们可以勇敢地、自由地提问、质疑，并努力探究解决学习过程中遇到的问题的方法，在探究的过程中提升自身各方面的能力。在科学探究能力培养下的课堂教学中教师与学生是合作的关系，对于教师来说，上课就是与学生一起分享，一起进步；对于学生来说，上课就意味着心态的开放、个性的张扬、创造性的解放。科学探究能力培养的教学同样需要教师的精诚合作，会聚众人智慧。同一年级、同一学科、不同年级、不同学科的教师拿出自己教书育人的智慧，取长补短，齐心协力培养学生的学习探究能力，这样才能提高学生的综合素质。科任教师必须经常与班主任及其余各科教师进行沟通，统一认识，统一步调，分工合作，密切配合，共同培养学生的探究能力。

第 二 章

初中数学探究教学的基本概念、理论和内涵

2

　　初中数学探究教学是一个比较常见也比较重要的教学方法和教学模式，尤其是在核心素养提出之后，探究能力培养与核心素养的目标具有内在的一致性。对初中数学教师而言，要想提升探究教学能力，需要对于探究教学有更深入的了解，包括探究教学的概念、理论基础和内涵。了解这些基础知识，对于初中数学探究教学的发展与进步颇有益处。

第一节　初中数学探究教学的基本概念

一、探究教学的概念

　　探究式教学是指在教学过程中，基于教师的启发诱导与组织，以学生独立自主和合作讨论为前提，以现行教材内容、范围、材料为探究内容，以学生生活实际和周围世界为参照对象，为学生提供充分自由的表达、探究、质疑、讨论的机会，让学生独立、自主地发现问题，通过实验、调查、操作、信息搜集与处理、交流与表达等探索活动，获得知识与技能，发展情感与态度，特别是探索精神和创新能力发展的学习方式。具体来说，在探究教学模式中，教师只给学生提供一些问题或者示例，然后将学习的主导权交给学生，让学生通过观察、阅读、实验、思考、讨论等环节去独立探究，自行发现并掌握相应的原理和结论。在探究教学过程中，学生的自主学习能力得到了加强，主体地位得到了巩固，因此探究教学是一种很好的教学方式。

二、探究教学的国内外研究

（一）国内对探究教学的研究

实际上，在古代就有探究教学的相关思想，古代强调启发、悟道等，已经带有探究教学的特点。然而我国现代探究教学的发展则更多受到西方现代教育思想的影响，探究教学是我国近年来数学教学研究中出现频率较高的关键词，我国很多学者与一线教师都做了很多关于探究教学的研究，取得了令人瞩目的研究成果。不过我国探究教学侧重应用，极少开展基础理论研究。作为教育观和认知范畴的探究教学，在我国已经成为一种有效的教学方式，受到广泛的欢迎与重视。

有教师提出：开展探究学习要有好的教学条件，除教材外，课堂结构也要为学生的学习创造良好的教学环境，要在探究教学中，注重培养学生的探究能力，使学生形成探究品格。数学教学方式从传统的讲授转为探究，使得数学教学由知识的学习向学生能力的培养转变。20世纪80年代，探究教学在国内中小学教育中开始形成一定的气候，提出的智力教育和创造教育的观点为此后新课程的出现以及教育理念、教法、学法的改变打下了基础。

进入20世纪90年代，我国开始推进素质教育，出现了新课程与新学习方式，开展了探究式教学的理论与实践研究，取得了众多研究成果。例如，辛维湘的《让探究教学神形兼备》、任长松的《探究式学习——18条原则》等，这些著作系统地介绍了国内外有关探究教学的研究成果，有的是各种探究教学实践指导资料，有的是将各种探究教学模式运用于基础教育。邓小丽所著的《研究性学习案例解析》[1]一书于2003年由上海教育出版社出版，为各学科的研究性学习提供了大量案例，如理科领域的研究性学习案例解析、人文社会领域的研究性学习案例解析、以阅读为中心的研究性学习案例解析、以写作为中心的研究性学习案例解析等，这些案例为我国在教学实践中具体开展研究探

---

① 邓小丽.研究性学习案例解析［M］.上海：上海教育出版社，2003.

究性学习提供了较好的参考。任长松的著作《探究式学习：学生知识的自主建构》①在2005年由教育科学出版社出版，该书从总体思路分析探究式学习中建构主体的自主性——要素、权力、权限与责任，探究式学习中学生知识的社会建构——知识建构共同体中的协商与合作，探究式学习中学生知识自主建构的情境脉络——知识的情境性与学习的情境化，探究式学习中学生知识自主建构结果的个性化、多样性等多个方面阐述了探究式学习中学生构建知识的本质和内外部条件，为我们深入思考探究式学习的本质和操作过程提供了理论参照。

此外，国内不少学者发表了一些文章，对探究教学模式的宣传与推广也起到了较大作用。柴西琴对探究教学的内涵做了研究，她认为探究教学具有五方面的特征：第一，学生是通过探究活动获得新知和培养能力的；第二，探究教学注重从学生的已有经验出发；第三，重视证据在探究中的作用；第四，重视合作式学习；第五，重视过程性评价和学生的自我评价②。

国内关于数学探究教学必要性的研究主要从教师的教学和学生的学习两方面进行考察。有学者提出了如下一些关于数学探究教学的特征：实践性、体验性、过程性、参与性、开放性。另有研究者提出了一个颇具数学学科特色的特征：抽象性。有研究者以问题解决的流程为依据对数学进行探究，认为教学的开展划分为六个具体步骤：提出问题、形成假说、整合资料、得出结论、验证结论和反思与评价。还有研究者认为数学探究教学的环节应包括以下几个方面：陈述探究目标、分析探究任务、选择探究指导方法以及评价探究学习结果。研究者研究了数学探究教学的实施原则：探究内容恰当；探究教学的总体安排有一定梯度；探究教学强调学生的自主性，但决不忽略教师的指导性；强调探究教学的同时，要注意多种教学方法的综合与运用。还有研究者提出了多样性与趣味性相结合原则、循序渐进原则、归纳和深化原则、发展及创新性原则。另有研究者比较关注教师的指导性，认为很多时候完全放手让学生自己探

---

① 任长松. 探究式学习：学生知识的自主建构［M］. 北京：教育科学出版社，2005.
② 柴西琴. 浅谈对探究教学的认识与思考［J］. 教育学报，2001（10）：7-12.

究不现实，这需要教师的引导，并且强调在数学教学中适时提出问题来引导学生进行探究是最好的方法。

问题反馈层面的研究是指对于数学探究学在教学实践中存在的问题进行总结的研究。例如，有研究者指出让数学探究活动更有效的关键是要精选紧扣探究主题的、适合学生探究的、充满数学味的学习材料，其指出：关于数学探究教学的理论，适切性研究将是一个必然的发展趋势。这里所讲的"适切性"研究包括三方面的含义，即数学探究教学理论与学生学情的适切性、数学探究教学模式和不同教学内容的适切性以及数学探究教学各个环节的适切性。

综上可知，探究教学在我国的研究主要有以下几个方面：关于探究教学含义的研究、关于数学探究教学可行性和必要性的研究、关于教学环节及原则的研究、探究教学特征、关于问题反馈层面的研究。本书就是研究数学探究教学模式在初中数学综合实践中的应用技巧，研究一些数学探究教学的设计模式，并将其应用到初中数学综合实践活动中去，通过实践加以检验，推动初中数学教学的发展。

（二）国外对探究教学的研究

探究教学并非一蹴而就的，它也经历了一个产生发展、不断完善的过程。现代探究教学思维主要源自西方思想家、教育学家、心理学家和社会学家等学者的研究理论。

18世纪是人类思想解放的时代，这一时期，法国著名思想家、教育家卢梭（Jean-Jacques Rousseau）在其著作《爱弥儿》中提出了探究教学的思想：它强调儿童的自由成长，让儿童去思考和探索这个神奇的世界，而不是成年人灌输一个固定概念。这一思想对现代教育理论有很大影响，也是后期探究教学的理论来源之一。在书中，他主张引导儿童主动去探索周围的事物，用探究的方法学习而不是用灌输的方式学习，让儿童通过感官来获得直接经验，然后通过思考获得理性逻辑。

20世纪初，人类社会的教育开始高度普及，很多教育哲学家掀起了教学改革的第一次热潮，提出了许多有价值的教学理念，杜威（John Dewey）是其中典型的代表人物之一。他曾经写过一本著作《我们怎样思维》，里面论述了探究的本质及经历的阶段。他的观点是探究在本质上是一种反省思维，即"对任何一种假设或信念的知识进行的积极、持续、谨慎的思考，而支持这种信念或知识可能得出的进一步结构，变为这种思考的依据"，此思维在其过程中经历了一种从怀疑或混乱的状态进入一种以满意和对先前自己感到怀疑和困惑的环境的控制为特征的情境，即前反省状态到后反省状态。在教学方法上，杜威主张"做中学"，他认为儿童仅仅由读书和听课所获得的知识是虚渺的。他指出知识的获得不是个体旁观的过程，而应该是一个探究的过程。他认为探究是主体在与某种不确定的情境相联系时所产生的解决问题的行动。在具体行动中，知识不是存在于旁观者的被动理解中，而是表现为主体对该情境的积极反应。杜威非常重视思维能力和思维习惯在教学中的作用，他认为，要培养学生的反思思维，必须进行问题教学，他提出问题教学的五个阶段：第一阶段，创设一个有真实经验的情境，产生令人不安和困惑的问题；第二阶段，在情境内部产生一个要解决的问题；第三阶段，展示知识资料，开展必要的观察；第四阶段，思考解决问题的方法；第五阶段，通过应用来检验解决问题的方法。同时他还提倡主动作业，杜威认为主动作业是儿童活动的一种形式，是创设获得经验的实际情境的主要手段，是儿童获得知识的最自然的方法。主动作业有以下特点：一是适合儿童经验生长的需要。主动作业与借助某种技能获得外部利益的职业不同，它除了使儿童获得手工的技能和技艺外，更主要的是使儿童获得智力的、道德的和审美的品质，所以主动作业的选择、实施过程必须注意儿童的兴趣，必须尊重学生本来的经验。二是源于社会生活。主动作业应该充满具有社会性质的事实和原理，以及可以代表社会的情境。三是主动作业作为科学地理解自然的原料和过程的活动中心，要不断指向科学的逻辑经验的发展。杜威认为，从历史的发展来看，各门科学都是从有用的社会作业发展起来的；从个体的知识发展来看，各门科学总是沿着"操作的知识""了解的知识""信息""科学"的轨迹发展。所以主动作业是儿童的心理经验向科学的逻辑经验提升的中介。四是主动作业体现了方法与材料的统一，进而成为课程与教学统一的中介和途径。

进入20世纪50年代末，美国生物学家、课程理论家施瓦布（J. J. Schuab）

教授在《作为探究的科学教育》的报告中正式提出"探究"一词，明确倡导探究的教学方法，这一倡导使"探究"成了风靡全球的教学方式。在施瓦布所提倡的探究教学中，他认为学习科学"不在于占有的信息，而在于拥有的探究能力"。他强调把教学看成探究过程，原因是探究的过程蕴含着教育的本质，由此，学生才能真正了解事物的本质，掌握探究的技能，从而形成科学的精神与态度。他还提倡把实验室当作探究的场所，学生可以亲自去体验知识产生的过程，体验知识的奥妙。施瓦布从两个角度探究教学理论的主要建设：教学方法和教学探究。施瓦布将科学的探究引用到了课程范围内，在很大程度上推动了探究教学的发展。

自20世纪80年代以来，科技的发展，要求培养具有探究精神与能力的高素质人才，因此各国都很重视培养学生的创新能力，探究教学也有了新的发展。在发达国家中，以美国和英国为首通过各种方式促进探究教学。1988年7月29日，英国推出《1988教育改革法案》，其中明确规定中小学课程包括英语、数学和科学[1]；20世纪90年代，美国先后出台了两部有着巨大影响力的科学教育文献，这两部文献都具有纲领性意义，都强调探究教学的重要性：1990年，美国科学教育研究会提出了科学教育要符合其自身的特点；1996年，美国国家研究委员会推出了《美国国家科学教育标准》，该标准将探究作为科学研究的合理方法，制定了一系列标准，提出了探究教学，认为科学研究的发展环节就是探究，科学教学必须参与以探究为目的的研究活动[2]。《美国国家科学教育标准》不再把探究作为学生学习科学的一种方法和过程，而是从学习内容和学习方式两个方面进行阐述，并对教学提出了相应的要求。《美国国家科学教育标准》对探究提出了三个方面的含义：作为学习内容的探究、作为学习方式的探究以及作为教学指导思想的探究。

---

① 潘燕. 为学生提供宽广而平衡的课程——英国《1988年教育改革法》简析 [J]. 现代教育科学，2010（2）：99-100.

② 丁邦平，罗星凯. 美国基础科学教育改革及其主要特点——兼谈加强我国科学教育研究 [J]. 首都师范大学学报（社会科学版），2005（4）：98-103.

第二节　初中数学探究教学的理论基础

一、哲学理论基础

（一）马克思主义关于人的全面发展学说

1. 尊重人的全面发展，以人为本

实现人的全面发展是马克思主义教育哲学的核心内容。如何实现人的全面自由充分的发展，不仅是一个基本理论问题，也是一个重大的实践问题。全面发展是人的基本要求和基本权利，也是实现人生价值和理想的根本途径。探究式学习以学生"积极参与、主动探究、自由创造和全面发展"为宗旨，既有利于学生积极主动、生动活泼地学习、创造和发展，又有利于学生个性的成长和特长的发挥，可以使学生立足课堂，超越课堂，自主学习，超越教师，合作互动，超越自我，积极探究，发现创新，达到各自期望及可能达到的发展目标。

2. 尊重人的独立自主精神

马克思主义认为，人的认识具有主观能动性，在人的发展过程中，人的实践活动是起决定性作用的。尊重每一个学生是教育实践的基本原则。只有尊重，才有信任；只有信任，才有主体和独立人格。个体的潜能发挥和充分发展依赖个体主体性的充分体现。探究式学习最大的特点就是尊重每个学生的主体地位，尽量促使每一个学生参与到主动探究中，尽可能尊重并鼓励每个学生的个性和价值判断，采取自我评价、过程性评价等多项评价标准。探究教学给予学生充分的尊重，让其学习的主体地位得到体现与巩固。

（二）马克思主义的认识论和实践论

马克思主义认为实践是认识的基础，社会实践最终使人完成社会化成长与发展的过程，不可能有离开了社会的孤立的个人，也不可能有离开社会实践的认识。"狼孩"案例的出现说明人离开了社会就无法获取社会知识与经验，从而退化形成动物习性。从认识过程的秩序来说，感觉经验是第一的东西，我们强调社会实践在认识过程中的意义，就在于只有社会实践才能使人的认识开始发生，开始从客观外界得到感觉经验。一百多年来，数学学科的发展渐渐使学科体系本身变得固定化、独立化、抽象化，似乎已成为一个可以脱离科学实践的超然之物，并且今天的教育过分重视认知和认知的结论，这显然违背了马克思主义的实践理论。探究式学习打破了学习过程中学生被动接受的局面，着力培养学生的实践能力和创新精神，鼓励学生主动探究，在实践中获取发展。探究式学习是一种社会实践，它能够真正引导学生认识世界，建构对于世界的客观认知与主观认知的知识体系。

二、心理学理论基础

（一）认知结构理论

认识是一种有意识、有目标和有规划的探索活动。从能动的反映论来看，学习并不意味着学生接受教师所讲授的知识和书本内容，而是学生能动性的培养，他们将会自己去获取知识，然后去认知世界。学习不是灌输式的、接受式的认识，而应该是以原有的观念和认识为基础，通过与认识对象的积极作用（主要包括获取信息，选择、加工、改造、建构等），从而探索出认识对象之于自身的意义[1]。

瑞士心理学家皮亚杰（Jean Piaget）的认知发展理论立足于对儿童智力发展的长期研究，认知理论认为与环境相互作用是一个人智慧和认识的形成与发展的重中之重。学习的目的不仅要学习了解各种各样的知识，更重要的是在与环

---

[1] 徐沥泉. 数学方法论与数学教学［J］. 中学数学，1992（6）.

境相互作用的过程中掌握与训练解决各种问题的程序和方法。因此，在学习中不仅要关注学生是否知道，更要关注学生"你是怎么知道的？"探究式学习可以促使学生更深入地理解掌握课程内容，了解与学习所学学科探究的流程和方法。皮亚杰认为，学习是一个建构图式的发展过程，通过同化—顺应—平衡，完成一个学习小过程。在这样的学习过程中，个体是在借助自己原有的认知去理解掌握知识，形成新的结构，这样的适应，学生遇到问题时会有意识地选择与提取，能有效地解决问题。这样的学习是一种学习者对知识主动建构的过程，需要学习者积极参与思维层面的建构。它是通过提出问题和假设、查找并分析资料、形成结论、交流评价等探索过程，辅助教师的讲授，或者是学生动手实验操作或实践活动去验证教科书中提出的结论，进而获得知识，了解并掌握研究的方法，培养科学的态度和素养。

现代认识论认为：学生不是被动的知识接受者，而是积极的信息加工者。认识不是人脑对事物直接的简单的反映，而是通过主体积极的能动活动，按照一定的尺度和原则对客观事物进行加工改造，使之纳入自己的理解和解释系统。学习是原有的认知结构与新知识相互作用，并形成新的认知结构的过程。所谓认知结构，是人们在对客观事物感知和理解的基础上在头脑中形成的一种心理结构。它由个人过去的知识和经验组成，是主体认知活动的产物。在新的学习情境激起学生学习的心向和输入的信息被初步加工整理以后，学生原有的认知结构与新的学习内容就进入了相互作用阶段。原认知结构与新内容相互作用的方式是同化和顺应，这既是认知结构发展的主要方式，也是数学学习的基本形式。每当个体遇到新的刺激时，总是试图用原有的认知结构（也称图式）去吸收外界刺激所提供的有关信息，并整合到自己原有的认知结构中，这个过程就是同化。奥苏贝尔（Ausubel）的认知同化理论指出：学习的本质不在于被动地形成刺激与反应的联结，而是主动形成新的认知结构。如果原认知结构中的某些观念与新知识具有实质的、非人为的联系，那么根据新旧知识的从属、因果等关系，把新知识适当加工改造后，就可以纳入原认知结构，从而扩大了它的内容。这里的心理过程主要是分析、辨认、比较，揭示新旧知识的联系，并以旧的观念为固定点，把新知识归属于原认知结构，在这个过程中，原认知结构得到分化和扩充。如果无法同化，个体就要对原有认知结构加以重组或改造，这个过程就是顺应。一般来说，对于某些全新的内容，由于学生原认知结构中缺乏与之相联系的适当观念，因而不能使新内容同化到认知结构中去，这时就需要重组或改造原有的认知结构。一种方法是调整，就是改变原认知结构的组成形式，或赋予原认知结构中某些观念以新的意义，使之与新知识相适应，并以此为固定点接纳新知识；另一种方法是并列，就是赋予新知识和认知结构中某些原有观念以一定意义的外在联系，并把新知识与旧知识联结成为一定的结构。认知个体就是通过同化与顺应这两种形式来达到与周围环境的平衡的。当认知个体能够用已有图式去同化新信息时，他就处于一种平衡的认知状态；当已有图式不能同化新信息时，其就通过顺应来寻求一种新的平衡。因此，学习是一种从平衡到不平衡再到新平衡的持续不断的建构，注重的是"怎么知道的"，而不是"知道什么"。在不平衡到平衡之间布满了一个个矛盾、不解和问题，也就是认知冲突，个体通过探究，解答了疑问，使冲突得以平息，达到自身的一种暂时稳定状态，从而不断发展自己的认知。这是个体发展必须经历的心路历程，其中，探究是不可或缺的一个条件。

（二）有意义学习理论

奥苏贝尔在吸收其他心理学家研究成果的基础上，针对传统学习理论的缺陷，明确地提出了人类学习，特别是课堂学习应突出的三大特点：一是人类学习是以个体经验的形式去掌握社会历史经验的过程，影响学生最重要的因素是学生的原有知识状况。二是语言的中介作用，强调学生的学习主要是接受人类积累的系统科学文化知识。这些知识主要是以语词、符号表达的，其内容不是零散的、孤立的，而是加工组织起来的系统知识。三是学生的主观能动性，要求教师重视学生的学习动机及学生的主动性、积极性。而有意义学习必须具备两个条件：第一，学生表现出一种有意义学习的心向，即表现出一种新学的内容与自己已有的知识之间建立联系的倾向；第二，学习内容对学生具有潜在意义，即能够与学生已有的知识结构联系起来[①]。

（三）建构主义学习理论

建构主义者一般主张：世界是存在的，但对于世界的理解和赋予意义却是由每个人自己决定的。人们是以自己的经验为基础来建构现实或者解释现实的，对知识的理解只能由个体学习者基于自己的经验背景而建构起来，这决定于特定情境下的学习历程。学习不是知识由教师向学生的传递，学习过程是学生主动建构的过程，学生是自己知识的创造者。学生作为认知主体，应当有思维和经验的全部投入，充分挖掘原有认知结构中的建构材料，并做适合自己认知结构的活动，不断提高自己积极有效参与教学活动的水平。学习者在接受新知识时，头脑中并不是一片空白，在以往的日常生活和学习中，他们已经形成了丰富的经验。教师要把现有的知识经验作为新知识的生长点，引导学生从原有的知识经验中"生长"出新的知识经验。学生原有的发展水平是学生学习的决定因素，即认知主体原有的认知结构是一切认知活动的基础。数学教学传授的内容、数量、方式都要适合学生的心理特点，以及学生的认知结构和建构的活动水平，要尽力让学生在经验中学习。新的认知结构是原有认知结构的不断延伸、改造和重组，而且新信息的同化或顺应要有一个"内在"（消化、吸收、转变）过程去实现。

在知识建构过程中，必须有主体不断反省抽象来实现，把学生的认知结构永远放在不断的建构过程之中，通过不断反思，促进学生认知结构的不断完善和实现更高层次的建构。教师的作用实际上只是促进学生自己建构知识而已。认识和学习的本质是主客体之间的相互作用。建构活动应在与具体的情境联系中进行，教师要为学生的成功建构创造一个良好的外部环境来实现学生的主体作用，创设与之适应的建构情境和氛围、建构材料、建构活动。教师需要与学生共同针对某些问题进行探索，并在此过程中相互交流和质疑，了解彼此的想法，彼此做出某些调整。建构主义重视学习活动中学生的主体性；重视学生面

---

① 黄梅.奥苏贝尔的有意义接受学习理论在中学数学教学中的应用研究［D］.昆明：云南师范大学，2006.

对具体情境进行意义建构；重视学习活动中师生之间和学生之间的协作、会话和反思；重视主客体间的相互作用过程中，必须有主体充分投入、体验和感受，实现与客体本质再现的结合，实现"过程教学"；重视情感因素在教学中的重要性，认为"建构式的数学教学，不单单是认知，更有大部分的情感教育在其中。建构主义的认知是以情意为动力，由学习者主动建构的，是情境与认知的融合"，因此主张建立一个民主、宽松的教学环境等，为探究教学提供一定的理论依据。

三、教育学理论基础

随着教育的普及，与传统社会相比，现代社会几乎所有人都具备初步的知识基础，大部分发达国家和发展中国家都基本消灭了完全的文盲。有学者指出：未来的文盲将不再是那些目不识丁的人，而是没有学会怎样学习的人。当前学校教学中普遍存在的一个问题是学生的学习缺乏独立性和创造性，分析和解决问题的能力比较弱。不少学生虽然掌握了基础知识，但是他们不会思考，不会学习新的知识，因此从认知层面来讲，他们依旧具有文盲特征。教育是培养人的活动，而人是生活在一定社会中的现实个体。21世纪，人们的教育观念发生了很大变化，关注人类的生存和发展，关注人的主体性，已经成为时代的主旋律。这种教育观念和教育思想为传统教学向探究教学的转变奠定了深厚的理论基础。

（一）终身教育理论

终身教育理论者承认受教育者在教育中的主体地位，重视塑造人格，发展个性，使每个人潜在的水平和能力得到充分的发展，并且强调一个人有终身学习的能力与必要。完善和促进学生情感和非智力因素的发展，实施终身教育有三个主要的前提条件：提供适当机会、增进学习动机、提高学习能力。终身教育论者强调教育的目的是发展学生的个性和帮助学生学会学习，掌握学习方法，培养学习能力；强调教育与生活相联系；强调教育方法的改革等。终身教育是与知识更新换代速度加快的情况相适应的，一个人学习的知识与技能可能会面临过时的现实问题，若不持续学习，则可能会被时代淘汰。

（二）主体性教育理论

主体性教育理论的基本思想是在教育过程中，通过增强学生的主体意识和发展学生的主体能力，培养和提高学生在教育中的能动性、自主性和创造性，使他们具有自我教育、自我管理和自我完善的能力。主体意识是人作为认识和实践活动的主体的自觉意识，它包括主体的自我意识和对象意识。主体能力是主体认识、改造外部对象的能力。主体意识是主体性的观念表现，主体能力是主体性的外在表征。无论是主体意识的形成，还是主体能力的获得，都要通过教育。任何教育教学活动都离不开学生个体的积极参与和自主活动（包括脑内活动和动作活动）[①]。在教育过程中，学生既是认识的客体，又是认识的主体。学生作为教育认识的客体，是指学生相对于社会的要求、新的教学内容和教师的认识来说，都处于一种被动状态，需要教师有目的、有计划、有组织地引导，将一定社会要求转化为学生的内部需要，将新的教学内容转化为学生的素质。然而，在教育过程中，外界的一切影响并不是简单地输送或移植给学生，必须经过学生主体的主动吸收、转化，才能够成为学生认知建构的一部分。学生是活生生的具有主观能动性的人，是学习的主人，教师的作用只是外因，任何知识技能的领会与掌握都要依靠学生独立自主地学习，教师不可能包办代替，任何有效的教学必须以尊重学生身心发展规律，特别是学习规律为前提。因此，学生在教育过程中处于主体地位，是主体与客体的统一体。教师的任务不仅在于传授知识，更为重要的是在教育教学过程中充分激发和调动学生的能动性、自主性和创造性，培养学生的探究态度和发展学生的探究能力。这是学生进行探究式学习必不可少的条件之一，也是探究教学应遵循的一条基本原则。

（三）探究学习理论

所谓探究学习，是指教师选择和确定主题或者学生自己发现和设计问题，然后创设对应的问题情境，引导学生独立自主地发现问题、分析问题，进而解

[①] 解红玲. 加强学生主体性教育的方法和途径［J］. 山西教育（管理），2002（23）：20-21.

决问题，最后进行表达与交流等一系列探索活动。探究学习作为一种学生的学习方式和学习过程，以完成教学目标、培养学生的探索能力、发展学生的创新精神为目的。在探究过程中，学生是探究主体，教师负责探究活动的组织、引导与点拨等工作，也负责对探究活动效率、成绩与价值进行合理评价与科学评估。

相对于知识接受学习而言，探究学习通过问题的形式把学习内容部分或者全部呈现在学生面前，而不像接受学习那样直接将学习内容呈现给学生；探究学习不仅追求一个学习结论，而且更强调学习与体验，甚至是挫折与失败，它展示的是一个让学生亲身体验和感知认识与学习的过程。

探究学习的三个主要目标是：在学生已有学习经验的基础上建构知识的意义和结构，理解并掌握解决问题的方法，通过经历探究过程获得理智和情感体验。德国哲学家亚瑟·叔本华（Arthur Schopenhauer）说过："呈现在纸上的思想就如同一个人留在沙滩上的脚印，我们或许能清楚地看到他走过的痕迹，但是要想知道他在沙滩上看见了什么东西，就必须用我们自己的眼睛去观察。"这番话恰如其分地道出了探究学习的重要价值所在。探究学习非常有助于培养和发展学生热爱学习、尊重事实、客观地对待批判性思维、理解并谦虚地接受自己身上存在的不足、关注美好的事物等优秀的智慧品质。

探究教学是面向全体学生的教学，是以全面提高全体学生的基本素质为根本目的的教学。探究教学强调在正确处理知识和能力之间的关系的前提下培养学生的能力，促进学生的发展，把科学的知识和方法教给学生，培养他们学习科学知识的方法和处理社会生活中实际问题的能力，为其进一步发展奠定基础。培养学生进行科学探索的能力和解决实际问题的能力是探究教学的重点，探究教学是全面提高学生科学探究能力的教育活动。在初中数学教育背景下适用的探究学习是指学生主动或在教师的引导、启发下对问题可能的答案做出猜想或假设，依据已有的知识和经验对猜想或假设做初步探究论证的过程。

第三节　初中数学探究教学的内涵分析

一、探究教学与学习方式

　　一粒种子在合适的土壤中才能生根发芽，同理，一个教学理论也需要在恰当的方式方法上才能生存发展并产生影响力。传统教学方式普遍被认为是"接受式"，即教师根据教学目标设计要求，将教学内容直接告诉学生，要求学生记住并消化，教师完全掌握教学的主导权，呈现"满堂灌""一言堂""填鸭式"的现象，由于缺乏教学互动，也没有探究活动，实际教学效果很差。探究教学意在突破这种现象，改进教学效果。在数学教学中，由于学生对数学知识的接受主要通过他们的自主建构来完成，需要他们以自己的经验、已有知识为背景来分析现有知识的可行性和合理性。探究教学在形式上就是通过让学生自主探究与合作探究来完成对数学知识的建构及内化。数学有两种：一种是现成的数学，即由历史上的数学家发现并经过严密又系统的精确组合得到的数学知识，最后演绎的方式变成一个形式理论；另一种就是活动的数学，即将数学的概念、定理及思想方法赤裸裸地展示出来，让学生既看到精彩绝伦的结论，又看到每一个定理背后的辛酸及曲折。

　　学生对知识的"接收"不能仅仅是被动的死记硬背，而应该是靠自己主动的建构来完成，需要他们自己的经验、学识和信念作为基础来对知识的合理性做出分析，在这个过程中就涉及自主探究。自主探究主要是指学生本人亲身经历探索而获得个性化的知识，包括确定的知识和不确定的知识，尤其像英国科学家波兰尼（Polanyi）说的"缄默知识"。缄默知识就是我们常说的"只可意会，不可言传"的体会与感悟。自主探究主要是通过不断地自我反省，不断在已知与未知中寻找突破，不断在最近发展区寻求平衡来接纳新知、完善旧知，即自我加工。探究教学是以参与者的知识观为基础的，学者宁连华曾指出：要变革学习方式，使探究学习的意义得到有效彰显，就应当从旁观者知识观的视野里走出来，去寻求探究学习的意义，这才是探究学习的立论基点。所谓参与者，是指对已有的知识不盲信盲从，抱着怀疑态度参与到学习中去。合作探究是解决"参与者知识"问题的一种有效教学形式，它是由美国在20世纪70年代率先兴起的合作学习演变而来的，已广泛被用于中小学教学的实践活动，在我国目前最为典型的是杜郎口教学模式。它主要是将社会学中的合作原理迁移到教学之中，强调人际交往对于学生认知发展的促进作用，基本形式是将全班学生主要按照他们的学业水平、个性特征、能力倾向等方面的差异分成若干个学习小组（每组6~8人，在现实操作中，为了便于课堂讨论，通常设计为前后桌4人一组），在每个小组成员自主探究的前提下，再通过合作探究解决共同的难题，达到小组成员共同的预期学习目标。除了生生合作探究外，也可有师生合作探究，学生与教师进行探究互动，一起推动探究活动的开展。教学作为一种语言化过程，必须弱化"满堂灌""一言堂"对课堂交流氛围的强约束，构建数学共同体，真诚、自由的和谐交流环境，使学生不受约束地将自己在活动中的所感、所思、所悟，伴随着具体的见解和认知模式而显现出来，并在此基础上进行检讨、修正、批判和利用。合作探究主要是将传统教学中，师生、生生之间单、双向交流转换成多向多维度交流，不仅对学生的学习积极性与主动性有促进作用，而且能够极大地提高教学效率。合作探究与自主探究并不是对立、不相容的，两者都是探究式教学的基本形式，只不过具体的实践方式存在一些差异而已。在合作探究的过程中必然有自主探究的成分，合作探究的最终目的就是促进学生的自主探究。因此，在探究教学中，学生学习数学的方式是全面的、多向的，而不是单一的、枯燥的。

二、探究教学与反省能力

杜威认为，探究的最根本内容是反省思维，"对任何一种信念或假设的知识进行的积极、持续、审慎的思考，而支持这种信念或知识可能得出的进一步结构，变成这种思考的依据"①。信念的获得就是在不断的自我反省过程中建立起来，然后又指导自我反省。探究教学能够有效地促进学生在学习数学过程中自我反省思维的养成。教育专家以中学生为研究对象，对探究教学与思维能力的发展关系做了长时间的实验研究，最后，实验表明，探究教学有助于学生关于数学知识的批判性思维能力的提高、自我反省能力的增强，但和一般数学思维能力并没有明显的相关性。对我国数学教育的未来发展而言，批判性思维与反省能力比一般思维能力更有价值与意义。在数学教学中，数学思想方法的学习比数学知识本身的学习更有价值，相比传统的教学方式，探究教学更有助于学生理解与掌握数学知识，学生也更能体会到数学中的思想方法，增强自我反省的能力，对于他们初中阶段的数学学习及将来的数学学习都有更远更深的帮助。对数学思想方法的掌握最终还是要通过学生的自我反省来巩固和内化。有学者将数学方法分为四个层次，即基本的和重大的数学思想方法、与一般科学方法相应的数学方法、数学中特有的方法和中学数学中的解题技巧②。很明显，本书所探讨的数学方法主要是指中学数学中的解题技巧，运用探究教学可促进学生自我反思能力的提高，使其逐渐掌握数学解题的技巧，从而有利于数学成绩的提升。

三、探究教学与学习成绩

在当代中国初中数学教学中，任何一种学习方法的应用与推广都必须重视其与数学成绩之间的关联，若是该教学模式被证明对成绩有正面积极的作用，则会更容易被接受和认可；若是该教学模式被证明对成绩没有太大价值与作用，可能会遭遇冷落。大量研究表明，探究教学与提高学生学习成绩有明显的正相关性。例如，施耐德（Schneider）对七至九年级学生的数学学习进行了较长时间的实验研究，使用探究教学的学生在内容掌握测验中多次获得高分。

---

① 丁勇.科学教学重在培养学生思维［J］.湖南教育：下旬（C），2017（3）.
② 张志勇.数学方法的四个层次［J］.数学教学，2019（12）.

但也有研究表明，探究教学对学生数学学习成绩的提高影响不大，如布朗格（Boulanger）对52所学校的数学探究教学与讲授教学进行对比研究，发现教学效果没有明显的差异。甚至在某些教学场景中，探究教学的效果不如直接教学的效果，如马罗波（Mulopo）对数学概念教学的研究发现，在探究教学模式下，学生对于概念的掌握反而不够精准，也不够牢固，远不如直接知识传授教学效果好。由此可见，探究教学也需要根据教学实际来判断与分析，基于现实需要选择探究教学模式来开展探究教学。不管是以前，还是现在，对探究教学效率的评价更多来自对学生学习成绩的总结。学生学习成绩的提高不可能在短时间内实现，它需要一个长时间的累积过程，所以探究教学对于提高学生的学习成绩来说是一个相对漫长的过程。在探究教学的试验中，有可控因素与不可控因素，涉及方方面面的因素，譬如实施者对探究教学的认识以及实施对象的水平等也是必须考虑的问题。因此，我们说探究教学与学习成绩的关系是一个动态的评价过程，但是作为有效的探究教学，促进学生学习成绩的进步是不可避免的要求。

四、探究教学与独立探究

探究教学以学生的"探"为主，这种"探"是学生通过自主、独立地发现问题，搜集和处理信息等探索活动。在探究的过程中，如果遇到麻烦或困难，初中生可根据实际需要适度寻求他人或资料的帮助，但最终还是在自己的独立思考与探索下，基于自身知识体系建构与认知，把外在的东西转化为自己理解的数学知识。然后在学生进一步的思维行动下，达到由外转内、内外高度合一的认知境界。在探究教学活动中，首先要弄明白的是谁需要探究，谁才是主角，答案显然是学生。所谓培养学生的完全自我探究能力，即独立探究就成了探究教学的最终目的。谢曼斯基（Shymansky）主持的"几何体的关系"多次实验研究表明，学生完全自主探究和教师传授的效果进行对比，参加完全自主探究的学生明显得分比教师传授的高，尤其是水平不高的学生表现得更出色。学生独立探究能力的养成不是一两日就能达到的，它是一个艰苦又漫长的过程，鉴于此，将培养学生的独立探究能力作为探究教学的长期目标是一种正确的认知。

五、探究教学与探究大众化

所谓探究大众化，指的是探究教学终极目标的实现，即人人爱探究，人人会探究。探究能力与素质应该是所有人都应该具备的，这样，人们的整体学习能力与研究能力才会明显提高。探究教学不仅包括对数学学科的探究教学，也应该包括对其他学科的探究教学，而对于培养学生的逻辑思维能力和理性思想，数学的探究教学有着明显的优势。通过数学的探究教学培养千千万万热爱生活、热爱探究事物、具有创新精神的学子是教育界一直追寻的目标。在日常生活与学习中，人类不仅是在接受已有的知识与经验，而且或多或少地都是经过自己的探索才能形成自己的价值观与知识观，只是对探究的意识或许没有深刻的体会而已。布鲁纳（Bruner）曾经表示教学目的应符合社会发展的需要，教学理论主要是关注和培养学生的内部动机，所有的学习都取决于学生自身对学习的心理倾向和准备状态[1]。布鲁纳的理论在现在也不过时，对学生思维的培养正是这个时代亟须解决的问题。数学探究教学就是意在培养学生具有时代精神和创新思维能力的一种有效尝试，将来人人爱上探究、爱上动脑的时候，就是探究教学的成功之日。

六、探究教学与数学素养

数学这门学科的独特之处在于其拥有思维之美、文化之美、艺术之美、逻辑之美与形式之美等。感悟数学之美的关键在于提高数学素养与能力。所有的数学教学或教育追求的根本目的想必还是对数学文化的积累和数学素养的沉淀，以及数学能力的提升。数学素养的含义既广又深，根本不是一两日就可以养成的，有人穷其一生也未必能养成几分，将数学素养的培养列为数学探究教学的远期目标之一是有一定道理的。数学素养在一定程度上属于认识论和方法

---

① 陈朝晖. 谈布鲁纳的内部动机作用理论及其对教学的意义［J］. 当代教育论坛，2005（13）：155-156.

论的综合性思维形式，认识具有概念化、抽象化、模式化的特征。具体来说，在探究教学模式中，数学素养具体表现在以下方面：

（1）在合作探究问题时，会基于数学定义（概念），或重视存在的问题条件展开讨论，并且会主动交流与合作，通过辩论修正认知。

（2）在自我探究问题时，会快速抓住问题的核心关系，从认识局部基础逐渐形成多因素的全局性思考。

（3）在认识问题上，严格遵循已有的数学概念，如平行公理、平行线的判定公理等概念扩大化，迁移到认识现实中的相关问题，譬如看到斑马线就想到平行线等。

更通俗地讲，数学探究教学希望尽可能地使学生像数学家一样对待数学，能用数学思维思考数学问题甚至思考人生，进而养成良好的数学素养。在探究教学模式下进行数学素养的培养，比无意识的、单凭自然养成数学素养来得快得多，只要在强烈的愿望（学生的内部动机足够强大的时候）和意识下，并进一步付出行动，人人都有希望养成比较高的数学素养。曾经，欧拉（Euler）就用深厚的数学素养解决了一道世界难题：18世纪的德国，在一个叫哥德堡的地方有一条河，河的中央有两个岛，河的两岸之间架有七座桥，当时提出的问题是一个人如何不重复地走完七座桥并回到原地。当时很多数学家想破了脑袋都解决不了，数学家欧拉运用数学思维，将现实问题高度抽象为"一笔画"问题，即将七座桥想象成七个不全在同一直线上的点，如何从一个点开始既不离开纸又不重复地连上所有的点，最后回到原来的点上[①]。如今"一笔画"问题作为探究问题存在于各种中小学的教材教辅里面，甚至成为各种竞赛题的热捧，这就是数学思维与素养的体现。

七、探究教学与探究能力

探究能力包括两层含义：首先，探究能力原指科学家用来研究自然界的

---

① 卞红喜. 欧拉的一道数学趣题的解析［J］. 数学大世界：初一二辅导，2004（1）：50.

多种不同能力形式，他们通过这些研究来获得证据，提出对自然现象的种种解释；其次，探究能力也指人们为发现并描述事物之间的联系，理解现象的本质，获取知识，形成思想观念，掌握科学家们研究自然界所用的方法而进行的各种探索研究活动。它的过程一般包括形成并提出问题，建立假设，通过实验或者系统的观察等方法检验假设，评价事实，得出结论。

在中学教育背景下适用的科学探究能力是指运用多种方法成功解决学习过程中遇到的问题所表现出来的良好适应性的个性心理特征。在中学课堂中，数学探究能力主要包括以下内容：

（1）问题意识。科学探究始于问题的提出，它也是探究兴趣的所在。科学探究能力培养的教学从知识学习或生活现象中创设一定的问题情境，积极鼓励学生大胆提出问题，给学生提供一个良好的探究环境。因此在教学环节中一个首要的目标就是培养学生发现问题、明确问题的意识和提出问题的能力。

（2）探究意识。探究意识是一种主动意识，科学探究能力培养的教学把学生主动或在教师的引导、启发下对问题可能的答案做出猜想或假设，然后对自己的猜想与假设进行验证，在验证的过程中形成多种能力作为教学过程的重要组成部分，教师通过对学生探究意识的培养，使学生学得更为主动、更为深刻。

（3）探究能力。科学探究能力培养的课堂使学生学会了学习，不管是在学校，还是走出校门，学生都能自主、自觉地进行探究学习。科学探究能力培养的课堂把探究解决问题的能力作为一个重要的培养目标。探究能力是指能够解决问题的各种尝试能力，如查文献、做实验、建构模型等。

（4）合作意识。科学探究能力培养的教学让学生逐渐意识到在小组中与同伴合作是每个学生在小组探究学习中应当具有的良好品质，任何藐视合作、取笑他人、拒绝帮助他人的行为都是不可取的，也不是有效的学习方法。尤其是在现代教学与研究中，合作探究已经成为主流，只有学会与人合作探究，才能走得更远，才能获取他人的智慧与帮助，从而推动探究教学的发展。

第三章

初中数学探究
教学的开展策略

3

初中探究教学的开展需要讲究一定的策略。探究教学开展策略的基础是了解探究教学的模式，如情境探究、问题探究等。在初中数学探究教学的组织中，教师与学生的有效互动是探究活动顺利进行的组织策略前提，此外，通过问题引导方式，引发学生的探究行为。科学而合理的评价策略很重要，尤其是探究教学，不仅要评价结果，更应评价过程；不仅要教师评价，而且要学生评价，评价应全面、发展和科学。

第一节　模式策略

一、基于探究教学模式的研究

21世纪以来，为了培养创新型人才，提高学生的创造力，我们国家在基础教育阶段始终在倡导创新教育，在这个大环境下，数学教育研究者和教师开始关注数学的探究教学模式。我们现在所说的数学探究学习主要着眼于学生的学，鼓励学生以类似的数学研究和实践模式来主动进行探索活动，强调通过学生主动去做的探究过程来培养他们的创新精神、动手能力和解决问题的能力。

（一）研究基础

在教学实践与相关课题的研究过程中，我们接触了大量初中数学主题探究学习的教学设计案例，颇受启发。所谓的主题探究学习，是指学生围绕一个探究主题进行深入的或广延的探究学习活动。这个探究主题可以是学生发现并提出的一个可探究的数学问题，也可以是教师根据学习要求和学生的实际学习、生活需要而设定的探究主题。通常情况下，探究主题的背后是一个明确的数学知识或数学方法，也带有相对明确的探究范围与探究目标。

（二）初中数学常见的探究学习问题

数学探究性问题具有非常规性和开放性的特点。非常规性是指不能直接用已知经验来处理，课本中找不到一般法则直接用来确定解决问题的步骤，所解决问题需要以原有的认知结构作为思维素材，通过学生独立思考形成新的高级认知结构，而且形成的新认知结构是可以迁移的。开放性是指提出的问题具有不确定性特征，其条件和结论具有可变性，或是不确定的。探究性问题在一定程度上可以条件不完全确定，也可以结论不唯一，必须在探究性活动过程中不断进行完善。

探究性问题又称为探索性问题，是开放性问题中的一种，其特征是：问题本身没有给出明确的结论（或条件），只提出几种可能需要经过观察、分析、探究、归纳得出结论（或使结论成立的条件）。探究性问题能较好地培养学生分析问题和解决问题的能力，培养学生的探究习惯和创新精神。现以教材中的部分问题为例，尝试对常见的探究性问题进行归类，并探求其求解问题的策略[①]。

1. 条件探究问题

条件探究题型会给出问题的结论，探究使结论成立的条件，属于逆推探究方式，其解题策略常采用分析方法（执果索因），即已知结论→所需条件。

例：已知$\triangle ABC$的AB边上一点P，连接CP。

（1）$\angle ACP$满足什么条件时，$\triangle ACP \backsim \triangle ABC$?

（2）$AC:AP$满足什么条件时，$\triangle ACP \backsim \triangle ABC$?

【分析】从题目可以看出，在$\triangle ACP$与$\triangle ABC$中，$\angle A = \angle A$，根据相似三角形定理，只需$\angle ACP = \angle B$，或$AC:AP = AB:AC$，就有$\triangle ACP \backsim \triangle ABC$。

在探究教学过程中，教师要引导学生克服思维定式，发展逆向思维的发散性，所寻求的条件往往不止一种，探究过程要防止遗漏。例如，将题目改为

---

① 毕保洪. 例谈一元一次方程新题型"探究性问题"的类型与求解策略 [J]. 中学课程辅导（七年级），2005（12）：27-28.

P是AB上一点，当P满足什么条件时，$\triangle ACP \backsim \triangle ABC$。正确答案为$\angle ACP = \angle B$，或$\angle APC = \angle ACB$，或$AC^2 = PA \cdot AB$。

2. 结论探究问题

结论探究问题给出问题的条件，探究问题的结论，属于顺推探究方式，其解题策略常用综合法（执因索果），即已知条件→问题结论。

例： 画出一个等边三角形，画出它的三条角平分线、中线、高线。通过画图，你能得出什么结论？

【分析】 学生通过画图、观察后得到：等边三角形同一个顶点上的角平分线、中线、高线互相重合，并且三条角平分线（或中线，或高线）相交于一点。这类题目对于培养学生观察问题的习惯很有好处。

3. 新定义问题

新定义问题是定义了初中数学中并没有学过的概念、运算、符号等，再根据定义进行相关知识的运算、推理的一种题型。此类题型是探究符合条件的结论是否存在，常采用假设存在→推理→得出结论合理或矛盾的方式。合理者结论存在，矛盾者结论不存在。

例： 用22cm长的铁丝能不能折成一个面积为32cm²的矩形？

【分析】 假设矩形的一边长为x，则另一边长为（$11-x$），则面积方程为x（$11-x$）$=32$。若方程x（$11-x$）$=32$有实数根，则矩形存在；若方程无实数根，则符合条件的矩形不存在。

4. 规律探究问题

规律探究问题由特殊推广到一般，探求规律，其解题方法常采用归纳法，将一般化归到特殊，寻求途径，找到规律。探索规律型问题设计一般先给出前三项，让学生探索第四项或后面某个特定的项，再探索第五项的规律。这样由特殊到一般，由简单到复杂，逐步深入，通过操作、猜想、运算、推理、归纳等深探索活动得到答案。

例： 4，16，36，64，？，144，196，…？（第一百个数）

【分析】 归纳其规律为：有的可对每位数同时加上，或乘以，或除以第一位数，成为新数列，然后找出规律，并恢复到原数列。上述题目中，数字同除以4后可得新数列：1，4，9，16，…，很显然是位置数的平方，得到新数列第 n 项即 n^2，原数列是同除以4得到的新数列，所以求出新数列 n 的公式后，再乘以4，即 $4n^2$，则求出第一百个数为 $4 \times 100^2 = 40000$。

注意：此题的探究规律采用了不完全归纳法，不完全归纳法得出的结论不一定都正确，因此需要更加谨慎。在解决问题时，要求学生通过观察、实验、归纳、推理获得猜想，并综合运用数列性质解决实际问题。此类问题设计符合初中阶段学生的思维特点，可以培养学生在合情推理的基础上，再用所学知识进行验证并推断出正确结论的能力。

5. 应用探究问题

应用探究问题设计要与学生的生活实际紧密联系，问题的背景尽可能是学生熟悉的，以引起学生探究的兴趣。常见的问题背景有通信收费、按揭贷款、存款利息、打折销售、工资待遇、运输费用、工程造价、旅游价格、行程问题等。问题的设计要注意让学生通过探究感受到生活处处有数学，同时让学生获取生活智慧。

例：问题背景：今年4月，李大叔收获洋葱30t、黄瓜13t。现计划租用甲、乙两种货车共10辆将这两种蔬菜全部运往外地销售，已知1辆甲种货车可装洋葱4t或黄瓜1t，1辆乙种货车可装洋葱和黄瓜各2t。

探究1：李大叔安排甲、乙两种货车时有几种方案？请你帮助设计出来。

探究2：若甲种货车每辆要付运费2000元，乙种货车每辆要付运费1300元，请你帮助李大叔算一算应选哪种方案，才能使运费最少，最少运费是多少。

这是一个运输问题，背景是李大叔销售收获的洋葱和黄瓜时需要租车。问题的探究点：一是设计租车方案；二是探究运费最省的方案。这样的设计不仅可以激发学生主动探究的热情，而且提高了问题本身的价值。应用探究型问题能充分体现数学建模的特点和过程，它具有较强的挑战性、探索性、实用性，并可以在不同水平上运用多种模型来分析和求解。

6. 操作实验探究

操作实验探究问题一般是几何图形通过折、剪、拼等几何实验或是对图形的分割与重组，进行动手实践的问题。在解决问题时，需要通过平移、轴对称、旋转、位似等基本的图形变换，运用代数、几何知识对图形进行分析、计算、证明、探索和发现问题的各种答案，并对数学本质产生一种新的领悟，使学生的认知结构得到有效发展。

例：正方形拼图。

请按照要求进行正方形拼图并分析规律。

问题1： 如图3–1所示，把两个边长为1cm的正方形重新分割，请探究是否能拼成一个新的正方形。若能，请说明有几种拼法（画出裁剪线和拼图），并求出新正方形的边长；若不能，请说明理由。

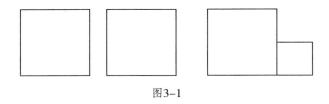

图3–1

问题2： 如图3–2所示，把两个边长分别为2cm和1cm的正方形重新分割，请探究是否能拼成一个新的正方形。若能，请说明有几种拼法（画出裁剪线和拼图），并求出新正方形的边长；若不能，请说明理由。

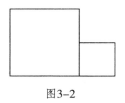

图3–2

问题3： 说一说从上述两个问题的探究过程中，你发现正方形拼图有什么规律。

本题的探究从特殊到一般，将两个正方形重新分割后拼成一个新的正方形，让学生体会到拼图实际上是图形的变换，在变换过程中，图形的面积保持不变；在问题2中，新正方形的边长可以利用变换前后面积不变的等量关系列方程求解；拼图的关键是找能拼接的边和全等的图形，这也是对本题中数学本质的一种领悟。

（三）数学探究模式的分类

一项完整的主题探究学习活动是由一系列探究要素构成的。美国学者普里斯特利（Priestley）等人曾提出将探究活动划分为提出问题、设计研究方法、方案实施、得出结论四个要素。在我国的一些数学教育研究中，从数学探究特征出发（这里的"特征"是指数学探究有别于科学探究的地方），将四个要素修改为提出问题、分析与假设、方案实施、评价与结论，并作为数学探究的一般要素。在我们研究的所有数学探究设计案例中，若干案例的方案实施过程呈现出了明显的同质化趋势，而且这种同质化与探究主题所涉及的数学知识领域无关。由于这种同质化趋势并不是源于教师的个人习惯，而是揭示了初中数学主题探究学习中存在几类基本模式，我们对这些探究学习案例的同质化趋势进行了归类，发现可以分为以下六个基本类别。

1. 演绎探究模式

演绎探究法主要用于解决问题，其一般形式是：提出问题→问题归类与演绎→找出方法→解决问题。

演绎推理，又称为论证推理，是根据已有的事实和正确的结论（包括定义、公理、定理等），按照严格的逻辑法则得到新结论的推理过程，是从一般到特殊的推理，它是以某类事物的一般判断为前提而做出这类事物的个别、特殊事物判断的推理方法。这样的研究方法在数学研究中是很常见的。

中学数学教育中有合情推理和演绎推理两种推理方式。其中，演绎推理作为一种严格的数学推理过程，始终是中学数学教育中最主要的推理方式。在探究学习中，从已有的事实（包括定义、公理、定理等）和确定的规则（包括运算的定义、法则、顺序等）出发，按照法则证明和计算，最终得到结论的探究模式就是基于演绎推理的探究模式。

案例1 探究活动：勾股定理应用——如何测量旗杆的高度[①]。

旗杆顶端系有一条绳子，绳长大于旗杆的高度。学生只能站在地上进行测

---

① 徐青清. 一节有效的课外实践活动课——测量旗杆的高度［J］. 青少年日记（教育教学研究），
2011（9）：80.

量（不许爬上旗杆测量或解开绳子），应如何测得旗杆的高度？

这是一个比较开放的数学探究活动，题目的限定条件很少，学生解决问题的办法也不唯一。不过无论学生采用哪种方式，在这个活动的限定条件下都需要用到勾股定理和一元二次方程解决问题。

在这个案例中，学生在拿到问题时，就已经知道应从构造能使用勾股定理的直角三角形入手。勾股定理和一元二次方程（及其解法）都属于已知的、一般的事实和规则，而问题中测量旗杆高度的情境属于特殊事物。这种由一般到特殊，通过逻辑推理和计算得到结论的探究过程就是演绎推理的过程。

2. 归纳探究模式

运用归纳探究学习的一般步骤是：提出问题→积累数据→观察分析和归纳→猜想结论→交流校正→验证或证明。

这种方法主要适用于结论与数量有关的内容，如"直角三角形斜边的中线等于斜边的一半""同弧所对的圆周角是圆心角的一半""在三角形中等边对等角，等角对等边""在直角三角形中，30°角所对应的直角边是斜边的一半"，等等。现以"直角三角形斜边的中线等于斜边的一半"为例，说明运用这种方法来引导学生学习的一般步骤：

（1）提出问题。提出这节课要研究"直角三角形斜边的中线与斜边长度之间的关系"这一问题。

（2）积累数据。让学生任意画一个直角三角形，并作出斜边的中线，然后用刻度尺度量斜边及斜边上的中线长度。教师找出几个学生回答，将数据板书在黑板上（积累数据）（单位：cm）。

（3）观察分析和归纳。让学生观察这组数据的比值，分析这组数据比值的特点。

（4）猜想结论。这时教师可以引导学生用归纳法猜想出：直角三角形斜边的中线等于斜边的一半。

（5）教师与学生共同分析结论，画出图形，写出已知、求证，给出证明。

3. 类比探究法

运用类比探究法学习的一般步骤是：提出问题→找出类比对象和类比→猜

想结论→交流校正→验证或证明。

由于数学学科知识具有很强的外扩性，而新扩知识总是与扩前知识有很多类似之处，类比新知识与前扩知识是一种巧妙高效的教学方法。例如，学习有理数混合运算法则，可以类比小学数学的混合运算法则；乘方意义，可以类比乘法意义；二元二次方程组的意义，可以类比二元一次方程组的意义；分式的基本性质和运算法则，可以类比分数的基本性质和运算法则。现以分式的基本性质为例，说明类比探究法的一般步骤：

（1）由分式与分数的定义可以知道，分式和分数有很多类似之处。

（2）让学生运用类比方法猜想结论：分式的分子与分母都乘以（或除以）同一个不等于零的整式，分式的值不变。

（3）学生得出的结论可能有错误，如有的学生得出的是"……乘以（或除以）同一个不等于零的数……"这时可要求学生之间或师生之间进行交流、纠错。

（4）在中学阶段，由于此基本性质不需证明，故验证与证明可略去。

4. 基于数学实验的探究模式

数学教育家G.波利亚（George Polya）曾指出："数学有两个侧面，一方面它是欧几里得式的严谨科学，从这个方面看数学是一门系统的演绎科学；但另一方面，创造过程中的数学，看起来却像是一门实验性的归纳科学。"[①]实际上，数学教育界也有许多学者主张用归纳的方法和实验的手段来发展和研究数学。与演绎推理相对应，基于数学实验的探究过程建立在合情推理的基础之上。

运用实验探究模式获得知识的一般步骤是：教师提出问题→学生实验操作→观察分析→猜想结论→交流校正→验证或证明。

案例2 探究活动：怎样把图形分成面积相等的两部分？

要作一条能够将三角形面积平分的直线，最简单的方式就是画三角形的中线所在的直线，那么除了这三条直线外，是否还存在其他直线将三角形的面积

---

① 林光来. 数学实验教学的认识与思考［J］. 数学教学研究，2006（1）：3-6.

平分呢？怎样画出这条直线？

在案例中，学生拿到这样一个探究问题时，很难直接将问题与所学的某几何知识联系在一起。在进行探究时，学生都会先从画出三角形的中线平分三角形开始，然后尝试做其他能平分三角形的直线，通过若干次的试验去寻找这些直线之间存在的规律。在三角形的选择上，学生也会从等边三角形、直角三角形等特殊三角形出发进行探索。与基于演绎推理的探究模式最大的区别在于，在基于合情推理的探究模式中，学生并非从一般性的原则或公理、定理入手，而是从特殊情况出发，逐渐归纳出一般情况。

在通过这种合情推理得出一般结论后，严格的数学结论需要进行证明后得到。但在中学的探究学习中，不一定非要对结论进行证明。例如，案例中的探究活动是可以进行证明的，但也有很多案例中的结论证明超出了学生的能力范围。从数学教育的角度来看，合情推理结论的证明可以根据学生的具体情况提出不同程度的要求。

5. 基于社会调查的探究模式

基于社会调查的探究模式获得知识的一般步骤是：教师或学生提出问题→阅读文献，了解情况→开展社会调查→整理、统计与分析→得出结论→验证或证明。

社会调查是有目的、有组织地向社会某一方面进行了解和研究的活动，直接接收社会各种信息（接触典型事例和人），从而受到真实生活教育的一种方式，也是理论联系实际，培养学生分析问题和解决问题能力的重要方法。同时社会调查也是近代应用数学中常用的一种研究方法。

现代数学教育理念注重培养学生的数学应用意识。在探究学习活动中，存在一类以现实生活作为出发点和背景的主题。在这类主题的探究中，学生也需要对某种社会现象做充分的调查和了解，并且有时需要在调查中取得数据，再运用数学知识得到探究结论。

案例3 探究活动：我校周边农村家庭人均碳排放量的调查。

在教师的组织与协调下，学生以组为单位，去山区、楼区、平原的农村家庭进行调查，然后根据调查数据计算出其碳排放量，并利用所学知识绘制成图表和统计图，进一步对数据进行分析，得出结论。

案例是学校周边的一位初中教师设计的探究学习案例。在这个探究案例中，学生必须先通过社会调查取得相关数据，再运用统计知识分析数据并得出结论。这个主题探究强调学生的数学应用意识，并且充分体现了学生自主探究与分工合作。

与前面两种探究模式不同的是，基于社会调查的探究模式需要较长的探究时间。课堂上的工作以探究开始时提出问题、布置任务，以及调查和分析结束后的汇报与交流为主。社会调查和数据分析则放在了课外进行。整个探究互动是课堂讨论与课外社会调查交织进行的，这类探究模式所涉及的生活背景非常丰富，研究对象从学生视力、考试成绩到出租车车费、校园面积等，涉及的数学知识包括统计、概率、图形几何、函数、方程等，非常具有实用价值。

6. 基于文献研究的探究模式

基于文献研究的探究模式获得知识的一般步骤是：教师学生提出问题→确定研究方向→搜集文献资料→梳理和分析文献资料观点→对观点进行总结评论→提出新的研究思考方向→验证或证明。

文献法，又称文献分析法，是利用文献资料对课题进行探究研究的方法。文献研究无论在数学、自然科学，还是社会科学的研究领域，都有着广泛的应用。在初中数学的主题探究学习中，文献研究常被作为一种独立的探究方法，在以数学史、数学在其他学科中的应用为主题的探究活动中使用。

基于文献研究的探究模式适用于那些需要学生学习和了解大量与数学知识相关的其他资料的探究活动。与基于社会调查的探究模式相类似，在这一探究模式下，学生的主要探究时间和工作都放在了课堂以外，不过搜集资料的渠道有所不同。文献探究模式搜集资料的渠道通常以图书馆、在线文献平台等为主。从相关案例的分析来看，采用文献研究探究模式的探究主题往往需要学生去了解大量的背景知识和资料，这一特点确定了探究时间和资料获取方式都不适宜在课堂上完成。这种模式下的一般探究流程是：教师先在课堂上布置探究任务；学生在课下完成文献资料的搜集和整理，并形成总结或报告；教师在布置探究任务的一段时间后，再选择课堂时间让学生对探究结果进行汇报和交流。

这种探究模式能够培养学生查找、收集、分析、汇总各种信息的能力，能让学生通过阅读大量文献了解更多与数学有关的历史知识或其他学科的知识，对学生未来在各个领域的研究能力和知识面的扩大都有促进作用。

案例4 探究活动：勾股定理的历史。

勾股定理是著名的几何定理，也是早期数学与几何的经典理论。在古代，不同国家的数学家通过不同的方式发现了勾股定理并对其进行了证明。该案例需要学生了解勾股定理在中国和国外的产生及发展变迁过程，收集有关故事，了解一下古今中外的数学家们都是如何证明勾股定理的，并且指出他们论证方法的特点。

案例5 探究活动：生活中的黄金分割。

黄金分割在现实中应用非常广泛，教师可以安排学生探究黄金分割在自然界和生活中有哪些实例，初步了解部分实例中采用黄金分割的理由，感受数学知识的美学价值和实用价值。

案例4和案例5是两个典型的探究案例。在这两个案例中，所涉及的数学史知识和数学与建筑、音乐、美术、生物等学科关联知识非常多，即便是教师，也很难全面了解，学生的探究活动有可能会给教师带来意外的惊喜。在具体研究的案例中，不乏学生通过文献资料查找到一些连任课教师都不了解的内容。可以说，这种探究模式能够更多地体现学生的自主性和创造性。

7. 自主合作探究教学模式

基于自主合作探究模式获得知识的一般步骤是：自主学习→确定探究问题和探究方向→合理分组→小组（内外）讨论交流→展示点评→展示探究成果与结论→验证或证明。

数学课程标准强调："有效的数学学习过程不能单纯地依赖模仿与记忆，教师应引导学生主动地从事观察、实验、猜测、验证、推理与交流等数学活动，从而使学生形成自己对数学知识的理解和有效的学习策略。[①]"数学教学更加注重学生的逻辑思维能力以及自主探究能力，传统的数学教学往往只是教师单纯地进行知识概念讲解以及例题讲解，从而导致学生对于数学知识的理解存在一定被动性，不利于数学知识内化，难以建构起更好的数学知识体系。

在新课改背景下，教学活动要面向全体学生，全力推进素质教育。探究学习的基本立足点是：每个学生都有无限的潜能，学校教育要为学生的发展提供合适的环境——创建一种对知识主动追求、重视实际问题解决的积极主动的学习方式及校园自主学习的环境氛围。以此为基础，以探究学习为突破口，通过探究教学模式来改革数学课堂。旧有的"填鸭式"教学模式导致学生的探究能力下降，限制了学生的身心发展。自主与合作探究整个教学活动过程分为自主学习、小组交流讨论、展示点评、反馈拓展四个部分。其中，课堂教学活动以小组讨论展示的形式展开。学生在此过程中主动发现问题，集体研讨问题，自主解决问题，感受求知的激情与学习的快乐。自主合作探究给学生了解教材、提出问题、思考问题提供了充分的时间和空间，给学生研究教材、讨论问题、解决问题营造了积极的、宽松的、和谐的气氛，促进了学生的自主学习并使其逐步形成自主学习的能力、创新精神和实践能力。

8.情境探究的教学模式

基于情境教学探究模式获得知识的一般步骤是：情境建构，设置问题→发现冲突，开始探究→反思交流→提出结论→验证或证明→拓展应用。

具体论述详见下一节，即"三、情境探究的教学模式"部分的相关内容。

（四）对数学主题探究学习模式的一些深入探讨

通过前文论述，我们发现，不同的探究模式类型之间的根本区别在于学生所采用的不同研究方法，不同研究方法决定了学生在探究行为、探究过程上存在的差异，进而又导致了探究学习活动的教学条件、课时安排、教学组织等方

---

① 黄少培.数学教学中数学实验模式的探索与实践［J］.中学数学研究，2006（1）：8-11.

面出现更为明显的差异。

与之相对应的是，在案例4和案例5中，由于采用了同样的研究方法，尽管两个案例所涉及的数学知识没有太多关联，但在学生的探究行为、教学组织、课时安排、教学条件等方面却非常类似，就如前文所说：这种同质化与探究主题所涉及的数学知识无关。

回归到数学探究的本质——"学生以类似的数学研究和实践的模式来主动进行探索活动"上，我们认为：因为数学研究本身存在多种方式方法，也就对应产生了数学探究学习的不同模式类型。前文所述的四种基本类型实际上是适合初中学生掌握的四种数学研究方法在主题探究学习中的主要反映。

在我们所研究的案例中，每一个案例的主题都明确限制在一个较小的范围内，涉及的数学知识也不复杂，在教学实践中基本都能在1～2个课时内完成。此类探究主题其实是一种"小型"主题，可以采用前文所述的某一种数学探究学习模式来完成。这样设置是为了更好地完成探究活动组织，也符合初中学生探究能力的要求。在实际数学研究中，数学家经常用到的研究方法不止一种。与之对应的，在教学活动中也存在所涉及的背景、数学知识十分复杂的"大型"探究主题。这就要综合两种以上的基本类型，可能需要先研究文献，再进行社会调查，最后通过推理演绎得出结论。对初中生而言，通过小型主题探究活动，逐步培养各种探究能力，是为以后的研究与成长奠定基础。

三、情境探究的教学模式

（一）概述

1. 情境探究的教学概念

情境探究教学模式是指在教学中师生处于一种和谐、探究的学习情境，由教师或学生提出问题，通过实验、自学或讨论等方法，让学生积极主动地探求科学结论，在未知的世界中研究、分析、解决问题，成为知识的探索者，从而在获得知识的同时发展能力。情境探究是指教师以现行教材为基本探究内容，以学生的周围世界和生活实际为参照对象，选择综合而典型的探究材料，创设特定的语言、形声色、问题等情境，努力真实、全面地反映或模拟现实，引导学生应用所学知识自主地探究事物的整体结构、功能、作用，分析理解事物的发展变化过程，从而形成新知识、新观点，找到解决问题的新方法、新手段。

2. 情境探究教学的主要特征

情境探究教学以学生独立自主学习和合作讨论为前提。教师要为学生提供充分自由表达、质疑、探究、讨论问题的机会，启发诱导学生分析教学情境，让学生通过个人、小组、集体等多种解难释疑的探究与尝试活动，将自己所学知识应用于解决情境中所体现的实际问题。

情境探究教学重视学生智力的开发，努力发展学生的创造性思维，培养学生自学的能力，力图通过学生的自我探究，引导学生学会学习和掌握科学方法，为终身学习和工作奠定基础。

在情境探究教学中，教师和学生都是课堂教学的主体。教师作为情境探究教学的导师，其任务之一是为学生创设一个良好的探究情境，为学生主动探究活动的开展提供氛围与环境；任务之二是充分利用教学情境调动学生的探究兴趣和学习的积极性，促使他们主动获取知识、主动发展能力，努力让他们自己能发现问题、提出问题、分析问题、解决问题。与此同时，教师还要为学生把握探究的深度，对学生的探究行为进行客观合理的积极评价。学生作为情境探究教学的主体，主要是根据教师提供的探究情境，明确探究的目标，发现探究的问题，掌握探究的方法，敞开探究的思路，交流探究的内容，总结探究的结果，通过一系列探究工作，完成探究流程。由此可知，情境探究教学是教师和学生双方都参与的活动，他们都将以主要参与者的身份进入情境探究课堂。

情境探究教学的主要目标是训练学生的探究思维与方法，培养学生的探究能力，引导学生在观察中学会思考，在思考中学会探究，在探究中成长与进步。情境探究教学突破了传统的接受性学习方式，变成了以学生学习为主的探索性学习方式，能较好地培养学生的创新能力和实践能力。

3.情境探究教学对教师的要求

（1）必须转变教育者的思想观念。在情境探究模式下，教师不再是知识权威，课本也不再意味着绝对正确。教师的角色从传授者转变为设计者、引导者、帮助者和合作者，教师必须适应这种角色转变，并调整自己的教育理念与教学思想。教师要意识到：让学生从生活中发现数学、寻找数学、解决数学问题才是数学教学的正确路径，学生才是探究活动推进的核心主体。作为教师，其作用仅限于引导学生发现并且解决问题，而不是直接将结果传授给学生。

（2）必须改变教学策略。教学是一门艺术，教学活动必须讲究策略，这样才能取得更好的效果。教师不能仅仅会单向传授、灌输，更要学会引导，要把情境的构建和合作探究作为研究的重点。教师要创设有意义的数学学习情境，激发学生的探究兴趣，促进学生主动学习，加强学校数学与日常生活之间的联系，使数学教学真正走出"课本"、走出"课堂"，使学生在广阔无限的数学时空中，创造性地探索"数学王国"的奥妙，并在这个过程中培养学生的探究及创新能力。

4.情境探究式教学模式的应用

情境探究教学模式主要适用于课堂讲授型教学。多媒体技术可以作为教师开展与组织探究教学活动的辅助工具，在课堂讲授型教学中，利用学生的生活实践与多媒体技术相结合，创设社会、文化、自然情境，问题情境，虚拟实验情境等，指导学生对情境中出现的数学问题进行思考、探索，并完成意义建构，最终形成自己的认知并学会迁移运用。

（二）情境探究教学模式的实施过程及实施要点

1.创设情境，设置疑问

课堂导入最重要的就是激发学生的学习兴趣，一流的课堂导入往往能够迅速抓住学生的学习兴趣点，将学生引入学习情境。教师为了引导学生探究，通常会采用情境创设模式来激发学生的学习兴趣，学生有了学习兴趣，有了问题引导，就会主动去求索、去发现、去创造。为了达到更好的情境创设效果，创设情境的材料就要有新奇感，太过于常见与普通的材料很难引起学生的兴趣。部分学生自我控制能力较差，抽象思维能力水平较低，如果能采用直观形象的教学手段，给学生以新奇的心理感受，就能调节学生的思维功能、提高学习效率。教师可以利用教材中提供的现象或问题紧密结合学生的生活经验和知识基础，为学生创设含有真实事件或真实问题的教学情境，激发学生的学习兴趣、探究的欲望。例如，研究概率问题时，就可以设置一个抽奖情境，学生对于抽奖活动通常有比较浓的兴趣，教师可以引导学生在抽奖活动中进入学习情境。

2. 发现冲突，自主探究

此处所讲的"冲突"是指认知冲突，即学生自身认知与所接触的知识与现象产生了认知层面的冲突和不一致，学生无法利用自身知识去思考与解释问题，从而必须对自己的知识结构进行完善与调整。数学探究教学要努力开发学生自主活动和能动思维的空间，让学生充分动眼、动手、动脑、动口，多种感官参与学习活动，促使学生亲身体验，强化学生的感悟，尽力拓展学生思维的广度和深度，引导学生发现认知冲突，培养学生发现问题的能力，努力使学生进入一种积极的思维状态。人的思维大都是由问题引起的，因此探究教学应精心设计各种问题，用问题去叩开学生思维的大门，让学生经过独立自主的潜心思维，在质疑和解疑中发展思维能力。

3. 合作探究，总结方法

探究教学归根结底主要是为了培养学生的自学能力，自学能力是学生获得知识最基本的能力，是学生获得可持续发展的重要能力，是知识经济对终身教育的基本要求。自学能力的形成必须靠自学的实践，在情境探究教学活动中，必须突出学生自学这条主线，让学生在自学中思考，在思考中自学。这一阶段要给予学生充分探究和表现的空间。对于上一阶段在自主学习基础上发现的问题，要以多种学习方式展开讨论、质疑。在学生对广泛的素材和资源进行搜集、整合和处理的过程中，让学生充分地进行合作探究尝试，争取让每一位学生都能参与到问题的解决过程中来。在新知识逐步构建的过程中，教师要帮助学生发现方法，使他们大胆创新，以主人翁的态度进行思维实践，不断提高自身的思维品质与能力。合作探究具有独特的价值，尤其是现代社会知识体系宏大，个体研究往往容易出现力不从心的局面，合作探究有利于思想碰撞，从而达到更好的探究效果。合作探究意识的培养需要从初中数学教学阶段开始重视。

4. 得出结论，总结优化

教师在充分参与学生学习的全过程后，组织学生进行总结交流，对学生探究发现的过程和结果进行优化点评。这一过程是对学生的发现精神、探究品质、思维发展、学习方式的综合评价，属于反馈环节。在实践中，一方面，教师要以欣赏的眼光去发现学生在学习过程中的方法和优点，激励学生探究、创新；另一方面，教师要及时发现和指出学生学习过程中的问题，培养学生对待知识的严谨态度，指导学生形成正确的价值观。对于探究学习的评价与总结，应更关注过程，而不是结果，学生在探究过程中展示的探究思维以及探究能力成长才是最有价值的。

5. 拓展延伸，应用创新

探究学习对知识的掌握与消化最终要通过延伸应用来表现。学生能够灵活地应用知识，这既是情境探究教学活动的目的达成，又是情境探究教学活动的一种表现手段。越能成功地应用数学知识，越能激发学生学习数学的兴趣，调动其学习积极性，促进其创新。在初中生数学教学中，教师要善于把知识在实际应用中进行创新，这个阶段正是教育由理论向实践的一个拓展阶段。教师在学生发现知识的基础上，进行教学情境迁移，鼓励学生运用学到的知识解决生产和生活实践中的具体问题。同时，学生要在此基础上创新性地使用知识，运用已掌握的知识去发明或发现新方法、新方式，并用以处理各项事物。这是学用结合、学以致用的至高境界，是帮助学生将知识转化为能力与资源的教学活动的必然归宿。

（三）情境探究教学案例设计——"勾股定理"教学案例①

1. 概述

（1）课程介绍。本节课是九年制义务教育课程"勾股定理"的第一课时。此前，学生已经学习了有关三角形的一些知识，如三角形的三边不等关系、三

---

① 吴艳华. 重温数学家发现之旅 让数学课堂回归本真——"勾股定理（第一课时）"的教学
  与评价［J］. 数学教学通讯，2016（23）：12-13.

角形全等的判定等，了解了基础的三角形边与角的基础知识。此外，学生也学过一些利用图形面积来探求数式运算规律的例子，如探求乘法公式、单项式乘多项式法则、多项式乘多项式法则等。勾股定理揭示了直角三角形三条边之间的一种神奇而美妙的关系，是非常早的图形与数量探究成果之一。勾股定理将形与数密切联系起来，在数学发展历史中有着特殊价值，在现实世界中有着广泛作用。本节是直角三角形相关知识的延续，同时也是学生认识无理数的基础，充分体现了数学知识承前启后的紧密相关性、连续性。此外，历史上勾股定理的发现反映了人类杰出的智慧，东西方都从不同角度探索了勾股定理，展示了当时数学家对数形结合探索的过程，蕴含着丰富的科学与人文价值。

（2）课程分析。课程分析分为教法分析、学法分析与教材分析。

教法分析：数学注重培养人的思维，要求培养数学能力，因此在探究教学模式中，不仅要使学生"知其然"，而且要使学生"知其所以然"。针对初二年级学生的认知结构和心理特征，本节课可选择情境探究法，由特殊到一般、由形象到抽象得出结论。教师通过探究教学，引导学生自主探索，合作交流，最终完成知识建构。探究教学理念紧随新课改理念的发展，也反映了时代精神。基本的教学程序是创设情境—动手操作—交流谈论—问题解决—拓展延伸。

学法分析：当代教育明确提出要培养"可持续发展的学生"，因此教师要有组织、有目的、有针对性地引导学生参与到探究学习活动中，鼓励学生采用自主探索、合作交流的研讨式学习方式，培养学生动手、动脑、动口的习惯与能力，使学生真正成为学习的主人。当学生具备学习探究能力之后，在未来的发展中就能够不断学习新知识，拓展新思维，从而实现可持续发展。

教材分析：设计"勾股定理"一课的主要目的是让学生初步掌握勾股定理的相关内容，并且能从生活中发现数学之美，寻找数学之奥妙，总结数学的理论，掌握数学之应用，激发学生学习数学的兴趣。主要方法为：运用情境探究教学理论创设真实的情境，吸引学生的注意力，激发其探究欲望，然后让学生自主动手操作，进而思考、总结，最后得出勾股定理的结论并学会运用，解决现实问题。最终目标是培养学生自主探究及推理的能力。基于这一设计，整堂课形象直观、反馈及时，具有很强的操作性及挑战性。

（3）教学目标及教学重难点

知识与能力目标：理解并掌握勾股定理的内容，并探索其证明过程，能够灵活运用勾股定理及其计算；通过观察分析，大胆猜想，探索勾股定理，培养学生动手操作、合作交流、逻辑推理的能力。

过程与方法目标：在探索勾股定理的过程中，让学生经历"观察—猜想—归纳—验证"的数学探究过程，并体会数形结合以及从特殊到一般的思想方法。

情感态度与价值观：通过介绍中国古代勾股定理研究方面的成就，激发学生热爱祖国和热爱祖国悠久文化的思想感情，培养学生的民族自豪感和钻研精神，引导学生关注和学习数学知识。

教学重点、难点：教学重点为勾股定理的证明与运用，教学难点为用面积法等方法证明勾股定理。

2. 教学过程

（1）创设情境，设置疑问。相传两千多年前的古希腊著名哲学家、数学家毕达哥拉斯（Pythagoras）去朋友家做客。在宴席上，其他宾客都在尽情欢乐，畅快宴饮，只有毕达哥拉斯看着朋友家的方砖地发起呆来，陷入了沉思。原来，朋友家的地板是用一块块等腰直角三角形形状的砖铺设而成的，黑白相间，非常美观大方。那么他在思考什么呢？又思考出了什么结果呢？

通过一个小故事进行情境创设，引导学生思考什么样的图形引起了毕达哥拉斯的兴趣，它有什么样的意义和作用呢？当学生的好奇心被激发起来时，教师和学生带着这样的好奇进入今天的课程勾股定理，开始探究教学的历程。

【设计意图】通过故事讲述与展示（可以考虑采用动画片模式），给学生创设一个遐想的情境，诱导学生发挥想象，初步感受勾股定理的神秘，从而调动学生的学习探究情绪，使学生以饱满的热情进入学习探究状态。数学问题源于生活，同时又服务于生活。数学教学不仅要考虑数学自身的特点，更应遵循学生学习数学的心理规律，强调从学生的生活经验出发，将教学活动置于真实的生活背景之中，通过将生活情境数学化，实现培养学生应用数学的目标。

（2）发现冲突，自主探究。展示三角形地砖图片（图3-3），请学生观察，看一看能发现些什么。

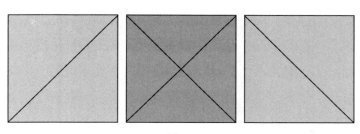

图3-3

探究活动：

① 观察图中三个正方形面积分别是由几个相等的三角形构成的。

② 找出两个正方形和色正方形有什么关系。

③ 寻找三个正方形之间的关系。

【设计意图】"问题是思维的起点"，通过层层设问，引导学生发现新的知识或者新的问题，然后激发其探索欲望和动力。

（3）合作探究，总结方法。

教师提出问题：你能说出正方形的面积及其数量关系吗？那直角三角形三条边的数量关系呢？

学生分组讨论并解决问题，教师可以提示学生先由特殊的等腰直角三角形进行讨论。在此过程中，教师要及时了解学生的探究状况，适时通过将学生的不同研究方法进行全班交流。

引导学生操作：画出直角边为等腰的直角三角形，验证刚才的猜想是否成立？

（4）得出结论，总结优化。

引导学生思考问题：是否一般的直角三角形都具有上述特征？教师利用几何画板进行动态演示，在运动过程中，让学生注意观察各个正方形面积的变化及其关系，从而得出勾股定理：直角三角形的两直角边的平方和等于斜边的平方。

教师在此基础上介绍"勾、股、弦"的含义，进行点题，结合直角三角形，让学生从中体验勾股定理蕴含的深刻的数形结合思想。

【设计意图】八年级学生已经能独立进行思考，有强烈的探究愿望，也具备一定的探究能力，并能在探索的过程中形成自己的观点，同时可以在交流分享知识的过程中逐渐完善自己的观点。因此本设计主要遵循情境探究法学习理念，以学生为中心，强调学生对知识的主动探索、主动发现和对所学知识意义的主动建构。教师主要负责给学生提供一定的学习情境，引导学生进入学习情境，在此情境中，学生通过协作、会话和意义建构进行有效学习。勾股定理的探索学习按照由特殊到一般的思想方法进行，在思想认识上循序渐进，学生较容易接受。学生在走完一步时，自然想到下一步是否可行，在得到猜想后，自然会设法验证自己猜想的正确性，最后借助几何画板顺利得出正确结论。

（5）拓展延伸，应用创新。在完成勾股定理证明的探究之后，教师可以应用一个著名问题的解决来进行勾股定理的拓展应用。

问题：将梯子斜靠在墙上，墙脚距离梯子脚的距离为3m，梯子的长为5m。求梯子上端到墙的底端的距离。

学生将问题转化为一个数学问题，利用梯子和墙面构成直角三角形的情况，直接应用勾股定理进行计算则可以得到结论：$5^2-3^2=16$，然后16开平方等于4。由此可见，梯子上端到墙的底端的距离为4m。

拓展延伸：

美丽的勾股树——让学生感受数学美的同时，了解勾股树的构造。

勾股史话——让学生了解勾股定理的历史与现状。

网上搜索勾股定理应用案例——给学生提供一个更为广阔的学习和思维空间。

【设计意图】从广义上讲，课堂是开放的，教师在授课时，不仅要传授学生必要的知识，更要拓宽学生的思路，给学生提供更为广阔的空间，引领学生课后主动探索，从而真正成为学习的主人。互联网时代，学生尤其要善于在网上"淘金"，掌握搜索技巧，主动搜索各种知识来满足自己的学习需要。

3.课堂小结与教学反思

课堂小结不只是对课堂教学内容的简单回顾或总结，还应是对所用数学思想、方法的总结，学生通过自己总结，不仅深化了对所学知识的理解，而且培养了数学表达能力和概括能力。教师通过教学反思，能有效把握数学知识的脉搏，找到数学知识之间的内在联系，这对于学生主动构建良好的认知结构大有裨益，也让学生从中学会感悟数学。尤其是教学反思对客观问题与不足，包括优势与特点会有辩证认知，非常有利于在教师反思中进一步提升。

（四）初中数学情境探究教学模式的优点及其局限性

1.初中数学情境探究教学模式的优点

（1）情境和教材相结合，激发学生学习的积极性。情境探究教学模式的起点在于创设情境。它要求教师在教学设计中基于学生的心理特点，充分发挥想象力，把情境和教材内容有机融合起来，创编成紧扣主题又为学生所理解喜爱的情境教学内容，赋予教材内容更深刻、更新的教育寓意和学习情趣，使教学更直观，学生的印象更深刻，从而可以更好地激活教学兴趣。

（2）师生讨论交流，课堂气氛和谐。在情境探究教学过程中，教师基于创设的情境，用丰富的画面、生动的语言、直观的教具、优美的音乐等激发学生的想象思维、求知心向、学习动机和情感，使学生的学习欲望与教师的导向产生碰撞、共鸣，课堂气氛活跃，课堂交流在和谐互动中进行，学生兴致勃勃地参与学习，通过教学过程中师生、生生等多边互动形式"共振"，合作探究最终实现教学目标。

（3）充分调动学生学习的主动性。情境探究教学在教学设计和教学操作过程中要求教师充分调动教学主体——学生在教学中的主动性。其主要表现为：教师对教学活动发展方向的引导、启发、把握和调控以及积极参与，激发学生的探究热情；学生在求知欲、好奇心、探究热情的驱动下，积极主动地参与探究学习，使自己成为学习的主人，努力发现学习规律。

2. 初中数学情境探究教学模式的局限性

（1）教学情境所需要的材料收集困难、加工制作更困难。与传统的讲授式教学模式相比，情境探究教学模式往往需要更多的时间和更多的经历来收集创设情境所需要的各种材料，并进行加工制作。当下，初中数学教师的工作量一般都比较重，教学、评优、职称晋升、上级检查等诸多事情都需要教师来做，教师精力有限。各种事务性工作占据了教师太多的时间，大部分教师不可能有太多时间来搜集资料，不可能经常有足够的时间来精心设计教学情境。虽然现在资料的来源途径比较多，如可以从互联网上下载部分资料，也可以从各种报纸杂志上摘录，但毕竟许多资料是需要付费才能获取的，如部分音像资料等必须花钱购买，在资金比较缺乏的情况下，往往不能获得。时间、精力和经济的限制，让教师收集、整理教学情境所需材料，以及制作具体教学情境存在现实困难。

（2）情境探究教学开展的效果不如预期。在情境探究教学模式中，学生若是能够较好地在教学中通过主动探究获得直接经验，提高探究能力，将有利于学生的全面发展。但要组织起有效的情境探究教学活动，除了受教师、学生和教学设施等因素制约以外，还与所学知识内容有关，有些知识并不适合设计成探究教学模式。若是教师探究教学设计不合理，或者学生探究能力有限等，都可能导致探究教学效果不佳的情况出现。在某些情况下，对于特定的学生来说，一些特定内容的学习，用探究方式开展教学活动，可能教学效率反而低，效果倒不如采用直接讲授的方法进行教学。例如，当前不少中小学都是大班教学模式，而对于情境探究教学的实施，最好是小班教学制度。在一个学生人数太多的班级中，要较好地组织学生开展探究活动是比较困难的，即使激起了学生的探究热情，也难以展开和深入。因为人数多，时间短，很难保证每一个学生都能够充分表达，也很难保证师生有充分的交流机会。

此外，探究教学模式对教师的专业素质要求比较高，教师必须通过学习与培训等方式不断提高自身的专业技能，以适应情境探究教学的要求。学校层面也应进一步加强探究教学的制度建设，形成良好的激励机制与评价机制，确保教师能够和愿意花时间来为情境探究教学的具体实施做复杂而费时、费力的准备工作。

因此，在利用情境探究教学模式进行数学教学时，教师不仅要根据实际情况选择相关素材，还应善于扬长避短，更好地发挥该模式的优点，以提高教学效率。同时学校和教师也应该各自努力改善与提升，为情境教学活动的开展创造条件。

第二节　组织策略

一、教师引导策略

在初中数学教学过程中采用探究教学模式无疑是一种促使课程教育目标与核心素养培养目标早日实现的有效手段，为创新和发展有效的教学体系、形成数学探究教学文化贡献一分力量。在教学过程中，课堂始终是实施数学探究教学的根本阵地，要想取得高效的探究教学效果，势必要对课堂教学进行全面又深入的改革，一方面构建教师备课共同体，共同研究探究教学的教学过程；另一方面，构建学生学习共同体，组建学习小组，合作交流学习。

（一）教师引导策略

知名教育家赞可夫曾说过：教学法一旦触及学生的情绪和意志领域，触及学生的精神需要，这种教学方法就能发挥高度有效的作用[1]。教师课堂教学活动开展的重点应在于营造有利于学生自主学习的环境，引导学生去探索学习数学知识，而不在于直接提供已经准备好的知识。数学知识的学习过程不应该成为学生痛苦的来源，而应该是快乐的源泉。现实中，部分初中生听到数学课就害怕，不愿意学习，这是我们的教学方式出了问题。在数学教学过程中，教师应将学生当作一群独立的思想探索者，这样更有利于教师对数学知识的传授。

---

① 孙正明. 情境创设，让化学课堂生动多姿［J］. 求知导刊，2015（7）：140.

1. 抓住探究机遇，增强学生内部探究动机

动机在学习过程中是最重要的，探究活动能够有效激发学生潜在的内部动机，如探究欲望、好奇心、荣誉感等。在探究欲望的内驱力作用下，初中生对探究未知的事情往往会表现出浓厚的兴趣，并愿意为之付出更多努力。基于此，初中数学教师应在如何激起学生的内部探究动机上多努力。情境问题法是一种较常见的探究动机激活方法，具体做法是将现实中遇到的一些问题转化为数学问题来引起学生对问题的探究欲望，由于结合了现实中学生熟悉或者感兴趣的问题，因此在激活探究动机方面效果颇佳。例如，在学习统计概率知识时，教师让学生统计分数与试卷题目的对错，通过这种方式来引导学生了解班级整体知识点的掌握，以及明显的不足。有些问题很多学生都错了，那就是这一块知识大家都学得不好；有些问题只有极少数人错了，那就说明是这几个人的问题。这种与学生密切相关的问题，学生探究的兴趣很高。当他们学会利用这个问题开展对统计概率的学习之后，类似问题也就迎刃而解了。学习分为有意义学习与无意义学习，有意义的学习不仅涉及知识的积累，更侧重个体的行为、态度、个性以及在未来选择行为方式时发生重大变化的学习。现实中是存在大量无意义学习的，如学生学完就忘，不仅知识记不住，而且没有形成学习能力与学习思维，这就说明其学习过程和结果都是无意义的。对探究教学有效性的评价最终还是要通过对学生的思维方式及探究能力来体现。布鲁纳提出引导学生对自己的学习能力提出挑战远比使学生将同学之间的攀比或竞争当作主要动机来得更持久和稳定，因此，他倡导通过各种手段激起学生增强自己才能的渴望，进而提高自身的学习效率。作为以学生为主的探究教学，在培养学生自我学习的欲望方面有着其他教学方法无法比拟的优势。不是所有的教学都叫探究教学，也不是所有的教学一点都不包含探究，只要能引起学生对数学（包括数学知识、数学思维、数学方法、数学文化等）的思考，就都能与探究教学挂钩。因此，探究教学无处不在，而成功实施探究教学的关键前提就是抓住探究机遇，促进学生对数学知识的探究欲望。

2. 设计探究过程，以问题为导向

教师帮助学生获得探究方法是探究教学实施成功的有力保障，那么如何教会学生获得探究方法呢？课堂40分钟的探究过程是探究学习的关键，不管是哪种探究教学方式，大多是以问题为导向的，思考的动力来自问题，问题的解决正是学生有指引的目标定向活动，数学探究教学也不例外。在数学探究教学过程中，先要有探究课题或问题，再有过程探索，最后有课题小结。课题不仅指大型的研究项目，也可以指数学教材里面的知识点。在日常数学教学活动中，常见课题是数学教材的知识点内容，如平行线的判定。完全探究教学首要的就是一个好的探究课题，如开放式数学问题、半开放式数学问题（条件给定，结论多样或条件多样，结论给定）、封闭式数学问题（条件和结论都给定，但某方面需要探索）。虽然不完全探究教学不一定以探究课题的形式开始，如概念教学、习题教学，但在教学过程中，探究问题无处不在，更何况在教学过程中，教师的有效提问是取得数学探究教学成功的关键。什么叫有效提问？美国教育学家加里·D.鲍里奇（Gary D. Borich）在《有效教学方法》一书中指出有效问题是促进学生主动参与并且积极回答的问题[①]。有效问题能突出学生对问题的敏感性，即引人深思的问题。或许可以说过程的提问成了解决探究问题的引导性的提问，数学教师不仅要从学生已有的知识出发提问，也要有促进学生进一步深化或拓展的问题，就像跳一跳就能摘到果子一样。在课堂最后5分钟左右，需要对探究课题进行小结，不管课堂问题是否已经解决。最接近学校课堂教学的内容主要还是数学教材上面的经典数学知识，这些知识通常以数学概念、定理、定义、性质等为主。在探究学习某一个数学概念或定理后，教师和学生很有必要进行总结与讨论，尤其是讨论，那是进一步探究的前提与基础。总结的形式可以多样化，可以是教师自己总结，学生听；也可以是学生总结，教师听而且评价；还可以是教师和学生一起总结，在互相交流中完成探究过程。相对而言，最有效的总结方式还是教师引导性提问，学生有效地总结归纳，然后教师进行点评。数学探究教学侧重学生自我探究，也就是说学生思维的探究，因此在探究过程中教师应注意把时间留给学生思考，不必急着打断学

---

① 加里·D.鲍里奇.有效教学方法［M］.4版.南京：江苏教育出版社，2002.

生的思维，让学生能够自主完成探究过程。由于学生的自我控制能力并不高，因此在探究学习过程中出现学生思维偏差、走神、短路等是经常的事，这要求教师合理引导和介入，促进学生持续地专注探究问题。

3. 用好学习小组，促进合作探究

罗杰斯（Rodgers）认为，最高效的教育就是像最有效的疗法一样，并将心理咨询方法运用到教学活动中，为学生优良的学习环境建立了非指导性的教学过程。解决学生在课堂上走神或开小差的有效方法之一就是组织学习小组，留出充足的时间给学生自己合作交流，共同探讨。观察学习小组是否创建合理，可以从以下几个维度进行评估：一是小组成员的参与程度。通常每个探究学习小组的人数为6~8人，或者每4人一组可能更方便讨论，教师主要观察他们对自己小组讨论时的贡献，或积极发言，或认真做笔记，或聚精会神地倾听。二是小组成员之间的交流。教师要看课堂上是否有多边、丰富、多样的信息交流与反馈，是否有良好的人际交往与合作的氛围，看小组成员能否勇敢地为自己小组献计献策，勇于提出存在的问题，并发表自己的见解，提出的问题或见解是否有创新性和挑战性。三是小组成员的自我管理。自我管理不仅指学生对自己数学思维的整理和梳理，而且指学生在合作讨论的过程中对自我情绪的管理和控制，是否因为激烈讨论而面红耳赤，是否尊重其他成员的见解，是否能及时纠正自己参与小组讨论的心态。四是讨论的生成。教师要看学生有没有获得什么，是否尽力而为，觉得满足和踏实，是否给自己以后的学习增添了信心和力量，增强了学习数学的内驱力。小组合作探究的主要好处不外乎就是希望小组中学优生给学困生做好榜样，帮助学困生摆脱学习困境。人与人的影响是相互的，好的可以影响不好的，同样，不好的也会影响好的。

实验班有一个数学成绩比较优秀的男孩，在小组合作探究开始时，作者对他寄予厚望，希望他带领自己的小组成员在数学学习上更进一步。然而经过一段时间，这个男孩上交的数学作业变得潦草，上课态度明显没有以前好，成绩也出现了下滑趋势。经过观察，作者发现这个男孩被小组里一些需要帮助的学困生影响了，这样下去，不仅达不到小组合作探究学习的初衷，该男孩也可能会堕落，变成那些不爱学习数学的学生。面对这种情况，作者及时与这名男孩

沟通交流，先肯定和表扬了他在小组合作探究学习开始阶段的积极表现，带领小组成员解决一道又一道的难题，同时指出了他现在存在的问题，及时纠正了他对待数学的态度，引导他明确自己在小组里面的角色，让他自己明白作为小组负责人应该起到表率作用，将他们小组的（合作引导到正确）道路上来。在教学实践中，作者发现，小组合作探究有利有弊，对教师来说，利用小组合作探究的目的是让优秀的学生帮助学困生转变态度，找到学习数学的方法。小组合作探究不仅对学好数学有较大帮助，更可以促进学生的人际交往，对学生未来的发展起到积极作用。然而小组合作探究的弊端恰恰也是在人际交往上，由于小组成员经过一段时间的磨合，可能会确定某个成员话语的权威性，其余成员从而盲目地跟从他的想法，甚至在写作业的时候，不假思索地抄袭该成员的作业。面对这种情况，数学教师就需要加大力度帮助小组成员纠正态度，重新制订新的讨论方案。用好小组合作探究学习的关键还是教师对学生的了解，只有教师充分了解每个学生，才能将每个小组成员的优势和不足考虑到位，从而在合作学习中，引导他们发挥各自的优势，取得预期的效果。总体而言，在初中数学教学中采用小组合作探究学习模式还是利大于弊的，毕竟数学教师一个人的精力是有限的，而小组合作探究则会集了众人的智慧。

（二）学生探究策略

布鲁纳把学习分成若干个同时进行的过程，即习得、转换与评价，他强调学生绝不是知识的被动接受者，而是信息的积极加工者[①]。因此，作为初中生，首先要端正自己的学习态度，主动参与到学习中去，成为学习的主导者与信息的加工者，让知识转化成为自身的能力。

1. 抓住探究机遇，强化学习动机

牛顿因为一个苹果的偶然掉落而发现了万有引力，关键在于他能够抓住探究机遇开展探究，最终获得认知。在数学探究学习的过程中，会遇到各种探究机遇。学生不应该轻易放过这些探究机遇，而应紧紧抓住每一个可能引领自己

---

① 林彩云. 改善学习方式 引导自主探索［J］. 数学大世界（教师适用），2010（7）：29.

前进的探究机遇或动机，进一步增强自己学习数学的欲望，积极投入到数学探究中去。例如，学生在现实中遇到计算面积的问题时，就可以进行自我提问并探究：这个面积计算是否有对应的计算公式？如何计算更加精准？是不是有更好的面积计算方法？在一连串的自问中，激发探究欲望，引起探究学习。探究机遇无处不在，可以在家里、在学校、在课堂，也可以在梦里、在草地上、在路上。生活处处是探究，只有留意每一个探究机遇，做个有心人，才能聚齐强大的探究内驱动力，强化自己学习数学的动机。

2. 紧跟教师提问，边学边反思

在启发式数学教学课堂上，自始至终都能听到数学教师的提问。教师的提问实际上是一种引导，是一种启示，作为立志学好数学的初中生应该做些什么呢？首先，不要轻易错过这些提问，因为数学教师的一些有效提问都是经过精心设计的，或者是数学教师的经验凝聚而成的，是引领大家学好本节课内容的关键，是深化理解数学知识的指向标。作为学生，应紧跟教师提问深入探索答案。其次，在探索答案的过程中，要充分发挥自己的学习思维，同时要反思自己的探究过程，对初中生而言，往往就是在怀疑、示疑、释疑、反思的过程中提高探究数学能力的。最后，要根据具体情况做进一步分析，对知识或问题的结论进行推广或归纳。一个完整的课题学习探究流程不仅包括跟随教师的思路走，吸取教师在讲解过程中的精华，更应该是经过自己的反思、建构数学知识框架，达到对新知识的同化及吸收，甚至进一步扩展或联想相关的知识，最终形成属于自己的认识架构，并形成应用能力与数学素质。

3. 学会合作探究，借鉴他人智慧

当代教育教学与传统教育教学相比，已经发生了颠覆性的变化：以教师为中心转变为以学生为中心，学生地位得到空前提高，相应的教学方式和学习方式也发生了很大改变。学生的学习方式由过去的单独苦学变为独学、双学及群学相结合，学生之间的关系也由原来的竞争关系变为竞争与合作关系。一个人的力量是有限的，思维也是有局限性的，只有适当借鉴他人智慧，方能突破自己的困境。教师要引导学生合作探究，共同进步。基于此，在数学探究学习过程中，学生要学会与他人合作。学生可以合作提出问题，然后各自经过独立思考后，与同学交流讨论，再将结论放到学习小组里面进行共同探讨。学生通过这种方式不仅为小组贡献了自己的智慧，而且借鉴了他人智慧，做到互帮互助，共同进步，最终实现多赢。合作交流是博采众长的过程，只有学会倾听其他成员的意见，才能激发自己的记忆。在小组合作探究过程中，学生要学会边听、边记、边反思、边讨论，将全部精力都投入到学习小组的合作交流中去。利用学习小组高效的学习探究数学知识，其关键在于小组成员的全力配合，积极主动地参与到合作探究中。

二、问题引导策略

（一）问题探究教学的基本含义与基本原则

若想让问题探究教学模式在初中数学教学中得到广泛应用并获得良好的教学效果，教师就需要准确把握问题探究教学模式的基本含义和基本原则。问题探究教学模式的主要内容是教师通过各种方式，如启发、引导、提示等，让学生在教学过程中自主地发现问题、提出问题和解决问题，并且在探索问题的过程中获取对应的数学知识和培养数学应用能力，形成数学文化素养，实现数学核心素养的培养目标。

在初中数学教学中有效运用问题探究教学模式的基本原则如下：

（1）以学生为主体的原则。在问题探究教学模式中，要注重教师的主导作用，更要充分发挥学生的主体作用，让学生积极主动地参与到教学过程中。探究过程必须学生自主推动，才能达到预期效果。

（2）以问题为核心的原则。以问题为核心就是指在教学过程中培养学生的问题意识，学生具有良好的问题意识是实施问题探究教学模式的源头，教师要让学生知道如何去发现问题、提出问题和解决问题，这也是决定问题探究教学模式能否成功的关键原则。

（3）以情感为依托的原则。在教学过程中，教师要注重知识的传授，还要注重与学生之间的情感交流，构建和谐的课堂师生情感关系，对实施问题探究教学模式具有十分重要的促进作用，也是问题探究教学模式获得良好效果的保证。

（二）问题引导组织的要点

初中数学课堂实施问题探究教学的目的主要是促进学生综合能力的发展和提高课堂教学的效率和质量。问题则是探究教学的启动源头。

1. 准确把握学生实际认知水平

学生是学习主体，任何教学方式要想获得良好的教学效果都必须遵循课堂教学中学生实际的认知结构。否则，再好的教学模式也不可能获得良好的教学质量和效果。学生实际的数学认知结构是整个问题探究模式的出发点，若学生基础好、认知水平高，教师的提问就要更深一些，太容易的问题学生容易失去探究兴趣；若学生基础差、认知水平低，则需要教师设计难度低一点的问题，否则学生很容易畏难而退，根本没有能力进行探究。在初中数学教学中运用问题探究教学模式时，教师一定要对学生现有的认知结构有准确的把握和认识，这样才能有针对性地对学生开展问题探究教学模式。

2. 注重培养学生的问题意识

培养学生课堂教学中的问题意识是整个问题探究教学模式的核心内容，也是该教学模式能否成功的关键因素。问题意识要求师生不仅能够发现问题和敢于提出问题，更要提出有意义和有价值的问题。在初中数学教学中运用问题探究教学模式时，教师一定要认真研究，并运用多种方式，将要教授的学习内容转化为数学问题的思维情境，让学生在问题思维模式下自主学习，真正遵循初中数学教学中"提出问题—建构数学—解决问题"的探究过程。例如，在讲"相似形"时，教师可以设计这样一个问题情境：用多媒体播放埃及的金字塔，让学生观察大小金字塔的外形之间有什么相似之处，它们之间有什么联系。基于该问题情境，教师可以设置如下两个问题：

（1）根据相似形，能否测出大金字塔的高度？

（2）相似形各边比例是否相等？各个对应的角是否相等？为什么？

问题提出之后，教师让学生自己去寻求解答。学生既可以翻阅教材，也可以互相讨论，更可以与教师交流，只要是在探究问题解决方案，就都是值得鼓励与肯定的。基于创设的问题情境让学生自主去探究，学生会经历提出问题、解决问题、应用反思的过程，从而切实感受到在探究中学习的快乐，最终通过探究完成知识的学习与认知的建构。

3. 探究师生之间情感体验模式

初中数学教学中运用问题探究教学模式，不仅要关注学生数学学习的效果和质量，还要关注学生在数学课堂活动中所表现出来的情感与态度。问题探究教学模式是让学生在课堂中根据教师创设的问题进行探究、讨论和交流，这就使学生只有在态度上真正接受、喜欢和参与，才能使相关的问题讨论或探究获得良好的效果。因此，学生的情感态度对开展问题探究教学的最终效果是有重要影响的，也是教师需要认真去关注的一个问题。教师在运用问题探究教学向学生传授知识的同时，也要努力在课堂上构建一种和谐、民主的师生情感关系，建立一种活泼有魅力的探究课堂教学环境。

本书对初中数学教学中有效运用问题探究教学进行了一些理论和实践的探讨，其中最主要的就是初中数学问题探究教学如何开展的问题，无论采用什么探究形式和方法，最重要的是适合学生的发展，扬长避短，最终使数学教学的优点发挥到最大化，让这种探究模式成为教学的主流，让数学教学发展得更好，这对今后初中数学教学改革有着非常重要的意义。

第三节　能力培养策略

一、数学探究能力

我们通常将数学能力分为两种水平：一种是独立创造具有社会价值的数学新成果的能力，另一种是在数学学习过程中掌握数学知识与应用技巧的能力。初中阶段数学教学应该培养学生怎样的数学能力呢？无疑首先应该培养学生的数学学习能力，即掌握数学知识与应用技巧的能力。初中阶段的数学学习毕竟是将来学习数学、运用数学，以及进行数学创新的基础，也正是基于这一点，我们的传统教学模式特别重视数学知识能力的培养，具体采取的方法是"满堂灌"让学生多听一点，多学一点；教出的学生是"记忆型"——学生的大脑成了知识的仓库，多记一点。然而学习数学的最终目的却是数学的运用与创新，而不是重复的记忆。不论是数学的运用，还是数学的创新，都离不开探索，没有了探索，任何学科——包括数学都会失去灵魂。中国基础教育并不差，在各种中学生的国际竞赛中，中国学生斩金夺银，表现优秀。然而一旦进入高层次的研究领域，中国学生的发展后劲就明显不足。之所以会出现这种情况，与我们的教育有着密切关系，我们的基础教育太重视学生的知识学习能力，而忽略了学生探索和创新能力的培养。长期以来，我们的教育已经习惯了"老师教""学生学"的教学模式。特别是数学教学，基本上就是教师讲述各种数学理论知识与解题技巧，学生学习之后就进行解题训练，数学知识本身具有抽象和严密的特点，加上纯粹的知识与技能训练，就让数学教学变得刻板而僵硬。虽然教育界都认可学生是学习的主人，然而在现实的教学活动中，学生依旧处于从属地位，教师依旧占据主导地位。学生缺乏探索的机会，没有创新与探索的内驱动力，这是我们教育的失败。因此，改革数学教学，把培养学生的探索能力也作为我们教学活动的重要一环，实在是必要、重要和紧迫的任务与目标。

二、培养方式

培养初中生的数学探索能力并不容易，它是一项系统工程，包含了许多方面的努力。以下是作者在教学实践中，培养学生数学探索能力的几点尝试，它包括培养兴趣、指导方法、鼓励质疑、鼓励创新等几个方面，通过这几个方面的努力，基本上能够达到一定的培养效果。

（一）培养数学兴趣，让学生学有动力

兴趣是动力的源泉，要获得持久不衰的学习探究数学的动力，就要培养学生的数学兴趣，毕竟兴趣是最好的老师。在教学中，作者做到了以下几点：

（1）加强基础知识的教学，使学生能接近数学。数学知识本身并不神秘，也不是完全的抽象，数学就存在于我们周围，我们时时刻刻都离不开数学。学生对数学的理解越具体，数学基础知识越好，探究数学的兴趣就会越强。

（2）重视数学应用教学，提高学生对数学应用价值的认识。有人存在疑问：学那么多数学有什么用？日常生活中根本用不到。事实上，数学的应用充斥在我们生活的每个角落。传统数学教材内容编写存在书本知识与生活实践脱节的问题，新教材在这方面有了很大改进，这也是向数学应用迈出的一大步。教学中重视数学的应用教学能让学生充分感受到数学的作用和魅力，从而热爱数学，同时也为学生在现实生活中探索数学问题奠定了基础。

（3）引入数学实验，让学生感受到数学的直观。数学是一个充满无数未知的领域，也是一个充满思维魅力的空间，教师要让学生以研究者的身份参与包括探索并发现在内的、获得知识的全过程，使其体会到通过自己努力取得成功的快乐，从而对数学产生浓厚的兴趣和求知欲。

（4）鼓励学生攻克数学难题，使其在发现和创造中享受成功的喜悦。数学难题是相对而言的，攻克难题的成就感是非常强烈的。数学之所以能吸引一代

又一代人为之拼搏，很大程度上是因为数学研究的过程充满了成功和欢乐。孔子说：知之者不如好之者，好之者不如乐之者。在数学探究教学中，学生学习乐在其中，才能培养出学生不断探索的欲望。

（二）指导学习方法，给学生学习的钥匙

学习方法之所以重要，是因为它是获取知识的金钥匙。任何学科，学生一旦掌握了学习方法，就能自己打开知识宝库的大门，数学也不例外。探究教学的目的就是让学生掌握学习方法，不但要帮助学生"学会"，更要指导学生"会学"。在教学中，作者主要在读、议、思等几个方面给予学生学法指导。

（1）教会学生善读，主要侧重培养学生的数学观察力和归纳整理问题的能力。数学观察力是一种有目的、有选择并伴有注意倾向的、对数学材料的知觉能力。教会学生阅读，就是培养学生对数学材料的直观判断力，这种判断包括对数学材料的深层次、隐含的内部关系的实质和重点的判断，逐步学会归纳整理，善于抓住重点以及围绕重点思考问题的方法。这一能力在预习和课外自学中尤为重要。

（2）在教学中鼓励学生大胆发言，敢于提问，愿意交流，对于那些容易混淆的概念，以及没有把握的结论、疑问，就积极引导学生议，真理越辩越明，疑点越理越清。对于学生在议中出现的差错、不足，教师不要急于否定，要耐心引导他们发现错误，帮助他们逐步得到正确结论。

（3）引导学生勤思。从某种意义上来说，在数学学习中，思考尤为重要，思考是学生对问题认识的深化和提高的过程。养成反思习惯，反思自己的思维过程，反思知识点和解题技巧，反思各种解题方法的优劣，反思各种知识的纵横联系，适时组织引导学生展开思维想象的翅膀：题设条件能否减弱？结论能否加强？问题能否推广？等等。思考过后，知识才能真正内化。

（三）鼓励质疑，拥有挑战权威的勇气

我们在教学中会经常遇到此类情况：有的学生在解完一道题目时，总是想问教师其对错，或找些权威书籍或者标准答案来验证其结论的正误。实际上，这种行为是一种不自信的表现，他们对权威的结论从没有质疑，也没有挑战权威的意识，更谈不上创新。长此以往，学生很容易变成唯书本唯标准答案是从的"书呆子"。在初中教育阶段，教师应培养学生相信自己，敢于怀疑的精神，甚至应该养成向权威挑战的习惯，这对他们现在的学习，以及今后的探索和研究尤为重要。若能找出权威的错误，并能够找到正确答案，坚信自己是对的，对学生来讲也是莫大的鼓舞。

（四）鼓励学习创新，让学生学有创见

在数学教学活动中，我们不仅要让学生学会学习，而且要鼓励创新，让学生创造性地学习。

（1）注意培养学生发现问题和提出问题的能力。教师要深入分析并把握知识间的联系，从学生的实际出发，依据数学思维规律，提出恰当的、富于启发性的问题去启迪和引导学生积极思维，同时采用多种方法，引导学生通过观察、实验、分析、猜想、归纳、类比、联想等思想方法，主动地发现问题和提出问题。

（2）引导学生广开思路，重视发散思维，鼓励学生标新立异，大胆探索。对于已有正确答案的问题，能不能找出更优的解答路径；对于同一个问题，能不能采用思路完全差异化的解题思路。当学生能够找到教师都没有注意到的解题方式时，就意味着他已经开始了独立的探索历程。

三、初中数学探究能力培养策略

（一）充分调动与发挥学生学习的主动性，重视建构

传统教学模式以培养小部分学生以优异的成绩考入高一级学校为终极目标，成绩是衡量升学的核心指标，然而现实中大量事实证明：一个人不是只有上了大学才能成为为社会做出巨大贡献的人才。学校教学应该是学生以自己原有经验为基础来学习新的知识，自己有意识地建构知识的意义与结构的过程，不应该是由教师把知识简单地传递给学生的过程，那样学生虽然记住了知识，但是却不会应用知识。所有学生都有要求进步的愿望，所有学生都有巨大的潜能，所有学生都有自己的优势，这是多元智能理论已经验证的结论。有的学生可能擅长证明推理，有的学生可能擅长演绎计算，有的学生可能擅长具体应

用，每个学生的智力优势并不完全一样。学校的教学目标是更好地挖掘所有学生的潜能，使学生的综合素质得到全方位发展，从而使学生成长为优秀的人才。基于此，在初中数学教学过程中，学生作为学习的主体，应该积极主动地建构数学知识的意义，而不是简单地、被动地接受知识。在教学过程中，教师应以所有学生为主体对象，让所有学生都学到最基础、最有价值的数学知识、技能，并且发展数学思维，培养数学核心素养，这就要求教师的教学理念和教学行为有一个巨大转变。

在探究教学中，教师的主要任务就是充分调动与发挥学生学习的主动性与积极性，合理组织、指导学生开展探究学习，帮助学生不断构建和完善自身的认知结构，使学生在学习过程中形成多种能力，尤其是独立探索的学习能力。在具体教学活动开展的过程中，教师要根据学生已有的知识经验，以学生的发展为出发点，利用学生感兴趣的生活中的数学或精心设计具有现实意义的问题情境，为学生创造发现并提出问题的机会，进而让学生分析并解决问题，以实现发挥学生学习的主动性的目的，引导学生完成学习任务。合作与交流贯穿每一个学习环节，努力实现让每个学生的思维成果被共享和交流，从而促进学生对新的知识内容意义的全面建构。

（二）促进学生问题意识的发展

新课改的一个亮点是在教学中培养学生的问题意识。学习过程中意识到问题的存在是学生思维的起点，没有问题的思维活动是被动的、肤浅的。在学习过程中，学生遇到的新知识与自己已有认知结构产生矛盾时，若学生意识到问题的存在，能够主动问一个"为什么"，那么此时学生的思维才算真正启动。学生怀着浓厚的问题意识进行探究有助于激发并强化学生的求知欲，在探究过程中获得成功的过程有助于培养学生的学习兴趣，从而使学生更加积极主动地参与到教学过程中。问题意识有利于学生探究意识、数学能力和创新思维的提高。问题可以激发学生的求知欲，问题可以激发学生丰富的好奇心，问题可以激励学生标新立异、不盲目、不迷信，问题是开启学生探索一个新世界的敲门砖与驱动力。问题意识的培养过程是一个教师与学生"双赢"的过程，既转变了教师教的观念，又强化了学生学的意识。

（三）促进教师角色的转型

在新课改背景下，教师不仅仅是教材的使用者，更是课程的开发者和再造者。教师要用教材教，而不是原来的教教材，教材变成了需要加工与再制作的教学材料，而不是教学蓝图。由此可见，新课改下的教学促进了教师角色的转型。在新课改教学背景下，教师要重新认识自己在教学活动中的地位。学生的学习方式由接受学习向探究学习转变，教师由知识的传授者向学生发展的促进者转变，把教学过程转变为学生自主学习活动的过程。现代教学理念认为"会学"比"学会"更重要，教师必须由单一地注重学生学会的结果向注重学生会学的过程转变；教学过程是教学相长的互动过程，教师必须由居高临下的权威向平等参与学生研究的角色转变，成为学生学习的合作者、参与者和引导者，把教学过程转变为师生共同开发课程、丰富课程的过程；在新课程改革的形势下，教师单一的知识结构已经远远不能适应新课程的需要，教师必须不断改善自己的知识结构，由单一型教师向综合型教师转变。

四、初中数学探究能力的培养目标

（一）树立探究意识

为了培养学生的学习能力与数学思维，有效地实施探究教学，培养学生的问题意识、探究意识，就显得十分重要。在教学实践中，教师通过创设合理的问题情境，培养学生分析、探究问题的能力，从而识别问题、发现问题；在解决问题的过程中，不断发现新的问题，并探究解决问题的办法，从而通过培养学生的探究意识达到探究教学的目的。探究教学的实施改变了学生的学习方式，拓宽了学生的学习途径，培养了学生自主学习、积极探究的习惯，提高了学生的创新思维能力，激发了学生的学习兴趣，使学生获得了更深刻的情感体验和人生感悟，从而也更有利于学生的自我发展。

（二）发展探究能力

探究教学是以师生共同探究来促进学生掌握知识，培养和发展学生的自主学习能力、探究能力、科学素养为目的的一种教学方式。探究教学的实施有如下六大步骤：第一，产生问题意识；第二，形成假说；第三，整合资料；第四，得出结论；第五，验证结论；第六，反思。

探究教学始终坚持以人为本，强调以学生为中心，使学生能够自己去探究、自己去辨析，从而获得正确的知识和熟练的技能，同时培养学生的科学探究能力和科学探究素养。探究教学以开放的、融入自然和社会的课堂，将有限的教学时间和教学内容转化为无限的学习时间和学习内容，将有限的言转化为无限的意，为学生提供了一个真正自由广阔的学习环境，也为发展学生的探究能力，为学生质疑解疑提供了机会和条件。探究学习是基于转变学习方式的改革。在中小学教育背景下适用的探究学习是指学生主动参与或在教师的启发下，学生根据自己的猜想或假设，运用科学的方法对学习中遇到的问题进行探究的过程，在学习的过程中获得能力和自主构建自己的知识体系。因此探究学习的课堂要培养学生提出问题的能力、猜想或假设的能力，以及对猜想或假设做初步探究论证的探究能力。

（三）渗透科学精神与品质培养

培养科学探究能力的课堂教学培养学生在学习过程中对遇到的问题和接触到的新知识进行质疑问难、主动探究的理性意识；培养学生在问题的探究过程中，不凭主观臆想，而是遵循客观存在的事实，以严谨的科学态度从大量事实中研究，找出其中存在的规律的态度；培养学生在理性的主动探究过程中，不盲目信任书本，不盲目听从教师，敢于挑战权威，只遵从事实，在不违背客观事实与规律的前提下，以崭新的视角和科学的方法去解决问题，推陈出新的进取精神；培养学生团结协作、互助共进的团队合作精神。

培养科学探究能力的教学有助于学生在学习实践中生成科学学习所具有的正确价值判断，有助于学生形成负责的学习态度，既勇于探究新知识，又能做到实事求是；既敢于对问题进行独立思考，又乐于在问题的探究过程中互助合作。科学探究能力教学渗透科学精神与品质的培养，摒弃学生单纯接受以教师传授知识为主的学习方式，构建开放的学习环境，并为学生提供探究知识、获取知识、综合应用知识的渠道，有助于学生形成良好的学习策略，以及探究能力和创新精神。

第四节　评价策略

一、教学评价的概念

评价是衡量、判断人物或事物的价值的过程。从本质上来说，评价是一种认识活动，是一种价值判断。美国学者格兰朗德曾用一个简单的数学等式来解释，他提出：评价=测量（量的记述）或者非测量（质的记述）+价值判断。

教育评价是评价应用于学校教育或者是课堂教学领域时的名称。所谓教育评价，是指基于一定价值标准和教育目标，利用测量和非测量的种种方法，系统地搜集资料信息，对学生的发展变化及影响学生发展变化的各种要素进行分析和判断，从而为教育决策提供依据的过程。在教育过程中，教育评价具有诊断、导向、激励、改进、反馈、选拔等功能，是教育教学活动中一个核心的、重要的基础环节。

课堂教学评价是指以一定的评价标准和教育价值观为依据，运用相应的评价方法对教师和学生在课堂上进行的教与学的活动过程及活动结果做出一定的价值判断。课堂教学评价是教育评价中最重要也是最基础的组成部分。

二、数学教学评价的问题与发展

（一）当前初中数学探究教学评价存在的问题

在当前初中数学探究教学实践中尚存在一些现实问题：从发展和研究的角度来看，基础教育课程改革的实行是从21世纪初才开始的，我国对于课堂教学的理性认识和研究也比较晚。我国传统考试评价制度有着上千年的传统，这一传统的考试评价制度对于当代课堂评价无论是在认识的观念层面，还是在实际的操作层面，都还存在着部分影响。我们在以选拔为目的进行教学评价时，发挥了标准化考试所具有的高效率、低投入、评分客观、覆盖面广的优势，却压抑了教师和学生的主观能动性，尤其无法满足多元化发展以及个性化发展的评价要求。目前我国课堂教学评价理论大多是引用国外理论，多数理论研究是对这些国外理论的分析和解读，很少做出理论创新。当前对课堂教学评价的研究大多还是停留在描述性层面，没有上升到理论层面，所进行的实证研究范围较小，外在效度难以保证。最近几年，在课程改革的推动下，教学评价的研究已经取得了一定发展，但与发达国家相对完善的教育评价制度相比，仍然存在很大的现实差距；与素质教育的推进力度、课程教学的改革力度相比，教育评价的改革力度还有待提升。

从课堂评价实践来看，传统评价标准的甄别、选拔功能造就了功利思想，在一定程度上影响了新课改的教师评价和学生评价的实施。现行考试制度仍然是以学生的分数作为评价教学活动的标准，评价标准单一，评价方式单一，评价内容单一，使得相当多教师对新课程改革倡导的评价新理念重视不够。在应试教育模式下，我国多数地区也是按照中考成绩的高低而将学生分配到不同等级的高中，因此大多数初中数学教学还是为了应对考试，以分数为评价标准与手段。此外，教师在课堂教学活动以及教学评价中处于主导地位，直接参与课堂教学评价，对整个教学评价体系产生直接影响。若教师能够正确认识新课程标准下初中数学课堂教学评价的理念和要求，就会促进课堂教学评价顺利、有效地开展。我们在调查中发现，由于教师的自身情况和认知水平存在差异，不同的初中数学教师对待课堂教学评价的看法和观点也不尽相同。有部分教师未认识到初中数学课堂教学评价的重要性，认为该评价没有什么实际作用，可有可无。因此，其对待课堂教学评价就采取应付的态度，这样不但阻碍了初中数学课堂教学评价的顺利开展，也妨碍了教师自身教学水平的提高和学生学习。新课程改革以后，教学时间不够用是所有教师都面临的现实问题。有限的时间是阻碍课堂教学评价更好实施的主要现实因素。另外，定性评价方法注重以教师发现教学问题，对教学行为进行反思，提高课堂教学质量为主要目的，这种方法耗费时间和精力，教师不会抽出大量时间进行课堂教学评价，限制了课堂教学评价活动的有效开展和实施。

（二）数学课堂教学评价的发展趋势

评价理念和评价标准正在改善：

首先，评价理念持续改善。评价是价值判断主体在一定价值观念的引导下，根据一定事实基础对客体进行价值判断的过程。评价主体的价值观念不同，导致了评价的标准不同，着眼点不同，出现评价范畴的改变。由于评价主体的观念会对评价的过程和结果产生重要影响，因此转变评价主体的观念至关重要。评价主体不能再拘泥于以往的单一评价取向，而应该从多元化的教学观、评价观、学生观、教师观等方面，用发展的视角看待教育教学的过程，对当下教育教学观念进行一场深刻的思想冲击与洗礼，这也是新课改的本质目的之一。在新课改背景下，积极倡导"以学论教"的评价理念，教学评价除了应当关注教师的讲课能力、教育质量、教育手段，同时更要关注学生综合素质的提升、师生彼此保持紧密的联系等。在强调数学教学课程中，教学评价鼓励学生的个性自由张扬发展，强调师生之间的平等交流，强调课堂气氛的民主和谐，关注学生的自主思考、相互合作、实践能力和创新精神，促进学生在情感态度价值观上的健康发展，从关注教师的教的效果转向关注学生的学习过程。

其次，评价标准趋于改善。在我国推行的新课程标准中，学生在课堂上的学习状况成为课堂教学评价关注的重要方面，初中数学课堂教学也明显更加关注学生的学。在初中数学课堂中，教师教的活动明显比以前少了，过去"满堂灌""一言堂"的现象已经明显减少了。在教学评价中，主要是从教学目标、教学内容、教学过程、教学方法、教学手段、教学效果、教师教学素养、整体评价意见八个方面对课堂教学进行评价，侧重从教师的角度进行课堂教学评价。从学生的角度来看，主要是基于标准的初中数学课堂教学评价，将学生的学习过程也纳入课堂评价，重视对学生课堂的参与度、自主学习、创新意识的评价。虽然当前大部分中学的课堂教学评价标准相比以往已经有了一定程度的改善，但是仍存在较多问题。绝大多数教师认为目前的教学评价指标还较为合理，但对教学标准的满意度并不是很高，学校课堂评价标准还需要进一步完善。初中数学教学评价仍然较为重视学生知识的掌握，评价内容片面。尽管新课改不断强调课程要培养学生的创新精神和实践能力，但在实施过程中由于受到应试教育根深蒂固的影响——重视分数，重视升学率，绝大多数教师还是注重学生的成绩，关注学生对知识的掌握，而很少关注学生在情感态度上的变化。此外，课堂教学评价的目的有待进一步清晰化、确切化。以往课堂教学评价主要侧重选拔人才、甄别优劣、奖惩等功能，当前，教师普遍对课堂教学评价的意义有了高度的认识，认为评价应该发挥促进教师提高教学水平，提高教学质量的功能，但教师对现实中的评价模式却不认同，认为其无法发挥真正的作用。现实中，课堂教学评价更多的是对教师的公开课进行评价，教师只需认真准备公开课即可，其他时间可以我行我素，而且评分者秉持着中庸的态度，分数无法有效体现对课堂的反馈。课堂教学评价形同虚设，其激励和改进功能得不到发挥，教师缺乏参与热情。

（三）基于新课程标准的初中数学探究教学评价要求

在新课程标准下，初中数学探究教学评价的要求如下。

1. 评价目标多元化，评价方法多样化

在新课改背景下，对于学生的多元发展更为重视，数学学科核心素养也包括多种能力指标，体现在探究教学实践中，即评价目标多元化发展，不再集中于成绩等极少数指标。在具体评价方法上，教师可以根据教学实际情况而选择合适的评价方法，如口头评价、书面评价、公开评价、作业评价等，只要有利于探究教学的发展，有利于学生的成长与能力的提升，皆可灵活运用。

2. 过程评价和结果评价相结合

过程评价体现探究素质发展，结果评价体现探究成长结果，两者同样重要。过去，评价重结果，轻过程，探究教学对过程评价同样重视。在探究教学中，过程评价价值重大，因为它展示了学习的过程与思路，对于学生的学习能力发展有着清晰的展示。例如，学生在探究学习过程中，体现了良好的心理素质与合作水平，即便最终探究结果不是很理想，也会得到较高评价。

3. 评教与评学相结合，两者相辅相成

在教育过程中，教师的教和学生的学一样重要，并且教与学是平等的。评教与评学有效展示了"以学论教、教为促进学"的现代教育评价理念。

4. 定性评价与定量评价相结合

课堂教学评价指标包括教学过程中师生的沟通情况、处理问题的质量、学生参与程度、教师讲课时间、提问频率、自学时间等，这些是量化指标，其中一些指标是不能进行量化的，包括学生自身爱好、情感、观念及价值观调整，教师自身教育观念、手段等，只能定性评价。把定性评价和定量评价有机结合，方可推动评价工作正常开展。

5. 激励性评价和导向性评价相结合

探究教学评价应该激励学生成长，具有正面导向性特征。在评价专题课过程中，应当将专题当作中心；在评价过程中，应能够在常规角度发现其闪光点，另外能够科学合理地提出建议；评价水平比较高的课，要调整角度进行肯定，同时制定比较高的标准，推动其不断进步。

6. 学习水平评价与情感态度评价相结合

对学生来说，学习水平的提高固然重要，但是拥有良好的学习态度、对学习有兴趣等情感态度也同样重要。学习水平评价与情感态度评价相结合，既可以让学生了解自身学习水平，还可以激活其兴趣，增强其责任意识，促进其身心发展。

三、数学探究教学评价操作的基本策略

（一）确立以生为本的基本评价思想

学生是教学主体，这一观念已经得到广泛认可。基于此，教学评价必须重视教学主体的成长，以生为本的评价思想以学生的发展为根本，课堂教学需要满足学生的发展需求。这一理念要求我们改变过去以教师为重的课堂评价模式，将课堂教学评价的重心转移到学生身上。教师教得好不好，关键在于学生是否通过教师的教学活动得到了成长与发展。因此，课堂教学评价不仅要评价教师，如教师的备课情况、基础知识储备、教学内容的组织、教学方法、教学

效果等，更要评价学生，关注学生对教学过程的参与度、对教学内容的掌握程度及学习效果等，后者的重要性更加突出。简而言之，课堂教学评价要以能否促进学生的发展为根本评判标准，要真正体现学生是教学主体，一切以学生成长为核心评价标准。

根据以生为本的评价思想观，在设计教学目标时，应重点关注学生发展性目标的形成，不可只关注课程标准、教学内容的科学体系。教师不能只关注教学内容的丰富，而是要根据学生的成长需要，为他们设计最合适的教学活动，只有学生成长了，教学目标才算是达成了。教学目标设计要体现为学生发展服务的理念，也就是说，教学目标设计要具有层次性、拓展性和灵活性，符合学生的学习规律。课堂教学不能仅仅挑选那些适合教育的学生，而应该转变思维，为所有学生创造适合他们发展的教育，这样，学生就由原来的被动接受转变为现在的主动参与。同时教学目标的设计也要考虑到学生的个体差异，做到共性与个性的结合，可以在学生发展的平均水平区域内兼顾优秀学生和后进学生，使所有的学生获得适宜的发展。同时在进行教学目标的设计时，还要给学生留有自主发展的时间和空间，促进学生个性发展。

以生为本的初中数学探究教学评价应该把学生视为真正的教育教学主体，以学生为出发点与归宿，在教学中让学生主动参与、全员参与和全程参与，保证学生最终成为学习的主人，以主人翁的姿态投入学习过程。教师应该也必须正确认识生本理念，这样，初中数学探究教学评价才会将学生看作自身发展的主体。以生为本是真正促进学生成长的评价策略。

（二）采用发展性评价和形成性评价的方法

《基础教育课程改革纲要（试行）》提出新评价要发挥出促进学生发展、促进教师改进调整教学实践、促进教师专业素质的提高等多种功能，摒弃以往只强调选拔与甄别的功能，要充分发挥出评价的重要作用[①]。要改变过去传统

---

① 边玉芳. 课堂展示性评价：学生学习评定的新探索［J］. 教育发展研究，2004，24（5）：29-31.

教学评价的弊端，新评价体系必须以促进学生的全面发展为宗旨，评价不仅是对学习结果的终结性评价，还需要发挥评价的发展性功能，关注教学的过程，促进学生产生对学习的积极性以及创造力，促进学生的全面发展。因此，探究教学中教师应树立新的发展性评价观，即课堂教学评价的目的在于促进教师提高和改进课堂探究教学实践，促进学生学习能力、探究能力与数学思维的发展。

发展性评价的目的观要求我们在不排除适当的检查、选拔功能外，更要注重教学评价对学生、教师的反馈调节、反思总结、积极导向、展示激励等功能。发展性的评价的目的观还要求我们开展发展性的课堂教学评价。在评价方向上，发展性教学评价立足现在，回顾过去，面向未来，根据过去的基础、现在犹存的问题，确定评价对象发展的可能目标。

形成性评价关注对过程的评价，是在教学开始之前或者在教学的过程之中，对教师的教和学生的学进行价值判断。这一评价侧重对探究学习过程的评价，通过形成性评价可以了解学生的现有水平、教师的教学情况、学生取得的进步、教学中存在的困难等。教师通过形成性评价可以及时发现教学中存在的问题有哪些，针对问题，可以对教学做出适当调整。形成性评价是对教学过程的评价，体现了评价的"未来"性，是重在发展的评价。而终结性评价则注重对结果的评价，是评价"过去"，在教学完成后，对教学状况和学习状况做出价值判断。这两者并非相互排斥，它们是相互联系、不可分割的，真正科学的评价体系既要包括形成性评价，也要包括终结性评价。

（三）注重全面性评价

数学探究教学评价应以课程目标和课程内容为依据，体现数学课程的基本理念，全面评价学生在知识技能、数学思考、问题解决和情感态度等方面的表现。人是复杂的个体，其心理过程也是复杂而统一的，包括相互联系、渗透的知情意行各个方面。课堂教学评价要注重全面性，不可简单地将这一统一的整体割裂开来，只关注其中的某一方面或者是某几方面，而是应当对这一整体做全面的评价。这就要求教师在课堂教学目标的设定上，摒弃以往纯粹追求知识、追求分数的目标，制定新的三维一体的全面发展目标，评价学生的知识与技能、过程与方法、情感态度与价值观。因此，课堂评价就要求不仅对学生对知识的掌握程度进行评价，还要对学生的学习方法、情感态度、意志力等进行评价，以促进学生在知情意行方面得到全面的发展。初中数学课堂教学评价不仅要考查学生的数学知识、数学技能的掌握等是否达到了《全日制义务教育数学课程标准（实验稿）》的要求，更要注意避免将其作为单一的评价内容，还要注意考查学生在学习过程中对学习方法、数学的情感态度的改变。

全面评价应评价内容的全面性。对于学业成绩，无论是总结性的，还是形成性的，都属于目标参与性考评。成绩考评是一项很严肃的工作，要以课程标准作为成绩考评的依据，考出学生真实的数学水平，评分必须科学、客观。最后必须做出群体的质量分析，以达到改进教学、全面提高教学质量的目的。数学的新课标不仅关注学业成绩，还重视学生多方面潜能的发展；不仅关注学习的结果，还重视学生的学习过程和学习态度。对于数学教师来说，就要求他们建立一种着眼于学生学习过程与情感体验的发展性评价观：①要使学生真正成为学习的主人，要实现不同学生的不同发展，要切实体现学生的个性发展，在对学生的学习进行评价时，就要使评价的功能由选拔转向传递信息，使数学学习评价成为师生交流的渠道，成为学生个性化发展的指南。②重视学生的数学学习进程，关注其在学习中的态度与情感，使其把数学学习作为一种快乐的体验过程。这也要求教师对于学生学习成就的认定不以分数为标准，而是要关注学生的学习是否符合其自身的特点与需求。在数学教学评价中，有时答案只有一个，但是教师不能急于公布正确答案，也应不急于评价学生的好与坏，而是需要巧妙地利用过程性评价来使学生体会到学习过程的快乐。

（四）以学论教

以往的课堂教学评价一般都是以教师的教学技巧为主，往往忽略了学生在课堂教学评价中的作用。以学论教这一评价观指出，评价课堂教学质量的主要标准应该是学生通过课堂教学所获得的实际发展，然后对教师的教学品质做出评价。这一评价方式观提倡转变以往的评价观念并树立新的评价观，即从评价教师的教学技巧转变为评价学生的实际发展。

以学论教从字面上就可以看出这里包含两个要素，即教师的教和学生的学。以学论教的评价观提出要根据学生在课堂教学中表现出来的状态为参照来进行价值判断。以学论教评的价观主要是从学生的参与度、思维状态、情绪状态、生成状态等方面对教师的教学活动进行教学评价。它不是单纯地把学生的学习成绩作为衡量教师教学水平的指标，成为教学评价的唯一标准，而是要通过学习评价的方法如数学习作、社会调查、数学制作、纸笔测验、教师观察、学生自评和互评等多种方式来考查学生通过学习所获得的多方面发展。课堂教学实际上是教与学的互动，是师生双方相互沟通交流、相互启发补充的过程。教师与学生之间分享彼此的经验、知识与思考，交流相互的情感、观念与体验，从而丰富教学内容，寻求新的发现，做到共享、共识、共进，实现教学相长，促进共同发展。因此，在教学过程中，教师要以学生的发展需要为先，以学生的发展状况为基础设计课堂教学，从而更好地促进学生的学，而非单纯地按照事先设计好的教学流程进行教学。这样，教学过程中就体现出师生平等、民主合作的关系，教师由主导者转变为引导者，师生间积极互动，共同发展。

（五）构建多元化的评价主体

以往课堂教学评价的主体多是教师、学校领导或者教育管理者，目前这一评价主体已经远远不能满足新课程标准下的课堂教学评价要求。新课程标准下的课堂教学评价要求主体多元化，要改变过去那种单纯由教师评价学生、学校领导或教育管理者评价教师的倾向，由以教师为中心的评价思想观向以学生为中心的评价思想观转变，确立多元的评价主体，倡导由政府部门、学校领导、家长、教师、学生、专业的研究机构、社会民间团体等共同参与评价。

多元化评价主体观的树立要求在教学过程中要调动多元评价主体的积极性，相互配合、自我反思，实现参与主体的自评与互评，最终达到评价促进改进的目的。评价要坚持互评、自评、他评三者相结合，调动起教师、家长、学生等参与评价，改变以往由教育行政部门或学校领导评价教师的现象。评价主体的多元化有助于收集到更加客观全面的评价信息；多元主体的交流沟通有利于建立起平等民主、积极友好的评价体系；而完整的、科学的评价分析有助于为教师提供反馈，从而更好地改进课堂教学，促进探究教学的发展。

学生是学习的主体，在各类评价活动中，学生都是积极的参与者和合作者，因此应建立开放、宽松的评价氛围，鼓励学生、同伴、教师和家长共同参与评价，实现评价主体的多元化，帮助学生在自我评价、互相评价、师长评价中不断反思，认识自我，从而实现自主学习和发展。

多元主体评价体系的建构应重视如下几个层面的建设：

第一，教师评价。教师本身以教育者的身份及其教育方面的专业知识确立了其在学生中的权威性、影响力。教师评价中的认可、赞扬可以使学生获得成就感，增强自信。教师在学生学习过程中是最能仔细观察了解学生的学习情况并及时予以引导的，因此从学生的发展这个目标出发，教师应该承担起设计实施科学有效的各级评价的责任。

第二，学生评价。学生评价包括学生自评和学生互评。自评的过程实际上是对自己的反思过程，它能让学生发现自己的成功与不足，形成有效的学习方法，提高学习能力，培养自控意识，主动发扬优点，克服缺点，在健全学生的人格方面也起到重要作用。学生互评是最有说服力的评价，可以起到互相督促、互相学习的作用，激励学生你追我赶，并培养学生虚心听取他人意见、诚恳对待学习伙伴以及良好的团队合作精神。因此，学生评价是评价的主体，应成为教学的有机组成部分。

第三，家长评价。学生同样渴望得到家长的认可、赞扬、鼓励。家长的积极评价同样能使学生更全面地了解自己的长短处，明确自己的努力方向，增强学习的兴趣与信心。而家长参与评价又能帮助家长更充分及时地了解子女的情况，从而及时引导或鼓励督促子女等，并能融洽亲子关系，为学生营造更和谐的成长环境。因此，家长评价也是评价的重要内容之一。

第四，同行评价。教育教学是一项专业性很强的活动，教师同行的评价既有专业水准，也有对比分析。教师在对其余教师进行评价的时候，也会反思自己；同时教师给予同行的评价也会相对有说服力。在教学评价实践中，同行评价一般质量较高，有利于促进教学评价交流活动的开展。当然，为了更好地开展同行评价，还需要建立更加科学规范的评价标准与评级方式。

第五，社会评价。教育教学活动并非独立存在的活动，它也是社会活动的一部分，社会人士可以从不同角度来对其进行评价。社会媒体可以通过调查与分析之后，对教育教学活动进行评价；社区人士可以根据教育教学的情况表现，对本社区的教育教学活动进行评价。社会评价可能不够专业，但是会提供更丰富的评价视角与评价内容，也有利于教学评价的发展与完善。

（六）采用多样化的评价方法

在探究教学模式下，评价方式应该多样化。多样化的评价方式能增强教学生机，促进学生发展。一般来说，评价主要分为定量评价和定性评价。使用可以量化的评价指标来进行评价的方式是定量评价，具有客观性和科学性的特点；而定性评价则是以文字或语言等不能直接进行量化的指标来进行的。定量评价推动着我国现代教学评价体系进一步朝科学化方向发展。但是，教育现象并不是一种简单的现象，它是非常复杂的，仅靠量化评估是不切实际的，如创造力、情感体验、态度等是不能量化的，因此需要有机结合定性评价，确保对具体教育现象进行客观描述，以求真实全面地反映教育事实。

笔试仍然是评价学习情况的一种重要方式，笔试评价应把学生引向要理解知识，而不是死记硬背；要灵活、综合运用知识，而不是机械做题；要开放思想，而不是满足一种思路。笔试评价需要改革试题的内容与形式，塑造生动活泼的真面目，使学生不再惧怕它"冰冷无味"的旧容颜。试题内容要具有真实性、情境性。传统试卷中那种孤立的问题或测验条目缺乏与真实生活的相似性，学生在这种测验中所得分数对他们未来在真实生活中的表现很少有预见价值，而教育价值更在于学生解决真实生活中的问题，因此，要求评定问题的设计具有真实性、情境性，以便于学生形成对现实生活的领悟能力、解释能力和创造能力。例如，可考虑一些开放问题与综合问题，试题形式要灵活多样，可用文字式、图画式、表格式、操作式等。

评价方式灵活多样，除笔试之外，还有如下一些常见的评价方式：

第一，档案袋评价。档案袋（或称成长记录袋）记录学生成长的"故事"，是评价其发展水平、努力、反省和进步的理想方式，相对于纸笔测试和其他快照式评价而言，它能向教师、家长和学生本人提供丰富的内容，反映学生知道些什么和能做些什么。档案袋评价的最大优点就是它能为教师提供其他评价手段无法提供的很多有关学生的重要信息，并且具有持续评价的优势。档案袋评价十分注意评价过程中学生的参与。学生可以选择将什么装进档案袋，可以参与档案袋评价标准的制定，可以把自己的作品和进步与他人分享。档案袋评价提供给学生对自己的作品进行自我评估和反省的机会。

第二，延迟评价。数学教学的学段目标是本学段结束时学生应达到的目标，然而有的学生因为基础差、学习速度慢，可能无法在既定时间达到预期的教育效果。面对这种情况，学校和教师应允许一部分学生经过一段时间的努力，随着数学知识与技能的积累而逐步达到预期的教育效果。在具体操作上，教师可以选择延迟做出评价的方式，如学生自己对某次测验的答卷觉得不满意，教师可鼓励学生提出申请，并允许他们重新解答。当学生通过努力，改正原答卷中的错误后，教师可以就学生的第二次答卷给予评价，并给出鼓励性评语。这种延迟评价淡化了评价的甄别功能，突出反映了学生的纵向发展，特别是对于学习有困难的学生而言，这种延迟评价能使他们看到自己的进步，感受到获得成功的喜悦，从而激发起学习动力。

第三，合作评价。合作探究是探究学习的重要方式，合作能力是学生未来学习与研究的重要能力，然而我们往往过于重视个人能力，而忽视了合作能力培养，这对于人才未来的成长是不利的。初中数学教育教学在重视学生评价中的个性化反应方式的同时，还要重视学生在合作学习中的表现评价。传统评价主要为了达到甄别的目的，并根据成绩进行分层，在这一评价模式下，往往把学生置于严格的个人环境中，他的一切成绩都基于自身努力，而缺乏学生之间相互交流探索，使学生面对试题孤军奋战，这不利于学生养成相互合作的精神和技巧，不符合当代社会生活与现代研究活动的能力品质要求。现代评价鼓励学生之间的合作，允许学生通过分工协作的形式共同完成任务。学生在合作学习中的表现，以及对问题解决所做的贡献，也成了合理的评价内容。以上这种评价方式称为合作式评价，它是一种更科学的评价方式。

初中数学

探究教学研究 与 实践

第四，体态语评价。体态语评价是指教师通过简单的身体状态行为对学生行为做出评价。体态语评价及时、有效，并且能促进师生交流，提高评价的效率与效果。体态语评价方式可以日常化、通俗化，如教师对学生的一个微笑、一个赞许或制止的表情，以及点头或摇头，都属于体态语评价，我们提倡这种体态语评价，它使学生感到随和亲切，有"润物细无声"之效。

由此可见，在教学评价中，每种评价方式各具特点，其具体适用场景与评价效果也存在差异，并且对于学生成长的作用也有区别。教师应结合评价内容及学生学习的特点而选择适当的方式，以考查学生的学习情况，反映学生的进步历程，让评价对探究教学活动的开展产生更积极的价值，如通过课堂观察了解学生的学习态度，从档案袋中了解学生提出问题与解决问题的意识和能力，从合作学习活动中了解学生合作交流的意识与技能等。

（七）加强课堂教学评价方法的指导

为了提高教师的理论水平和对教学评价方法的认同，学校应当创设各种条件为教师提供培训和接受再教育的机会，促进其教学评价方法科学化与多元化。此处所提到的再教育和培训包括两个方面：一方面是对教师进行教育教学理论知识的再教育；另一方面是对教师进行课堂教学操作再教育。

通过教学理论学习，教师可以进一步从宏观上把握教学评价，从理论层面了解教学评价体系的内部结构，进一步将平时在实际教学中的经验与教学理论结合起来，提升自身教学素质，从而提升评价领域的专业素养。同时学校也可以建立相应的课堂教学评价资源库，让教师通过该资源库学习与掌握相应的课堂评价知识。通过理论学习，教师从观念上认识到初中数学课堂教学评价的重要性，充分理解新课程标准下初中数学课堂教学评价所提倡的理念和要求等。学校可以通过多种途径提高教师的评价实际操作能力，例如，学校和高校合作对教师进行培训，也常常请相关专家和研究人员到学校开设讲座等，围绕教学评价能力的发展展开探讨学习，让一线初中数学教师在具有丰富实践经验的同时，进一步奠定扎实的理论根基，为初中数学课堂教学评价的实施提供科学的理论框架。

科学的课堂教学评价是促进学生素质提升、推进教师专业成长、加强学校

108

教学管理的重要杠杆。学校应着力强化有效课堂教学评价的研究与实践，推动课堂教学改革的深化，促使课堂教学效益最大化。学校要加强有效课堂教学评价标准的实践研究与反思，使每一位教师对新课程背景下有效课堂教学评价的标准、方法都能熟稔于心，实际操作起来游刃有余，并能以教学评价逆向指导规范自身教学行为。学校要建立相应的考核管理制度，努力营造新课程下的课堂教学评价改革人人参与、个个达标的浓烈氛围，并把达标考核的结果与教师的绩效考核挂钩。学校要建立校级领导、中层干部坚持深入课堂听课的检查制度。校长要做课堂教学评价的研究者、实践者、指导者，经常深入教学一线听课、评课，了解学校课堂教学评价实施的实际情况。

（八）注重整体性评价，杜绝"管窥式"评价

探究教学的目的是让学生在自主探究的过程中真正理解和掌握基本知识与技能、思想与方法，为每个学生的终身学习和可持续发展打下坚实的基础。探究教学更关注学生的学习能力、创新意识、实践能力、合作意识、竞争意识等综合素质的发展，而并非简单的知识掌握与丰富程度。然而学生上述综合素质的发展是需要一个过程的，仅凭一节课是无法下结论的，因此应该对一个相对完整的教学过程进行评价，还要注意将评价活动置于日常教学的自然状态下，改变评优课与日常教学"两张皮"的现象。对初中数学探究教学的全过程给出总体性评价，也可以给出过程性评价，而不是一节课的"管窥式"评价。在探究教学模式下，如何对课堂教学进行评价，是以学生发展为本，还是追求教学环节。对探究教学全过程给出总体性评价，代替一节课的肤浅化。多数学生把评价活动视为一种程序，他们不相信"管窥式"评价，他们也希望对教师教学行为与活动进行评价。探究教学评价让学生意识到自己的评价结果会对教师的教学产生实质性影响，学校与教师应该让学生看到自己的评价所带来的教学改革或变动。为了促进学生对教师的评价，提高学生的教学评价参与度，我们应该一方面向学生讲明评教工作的重要意义；另一方面，注重引导学生自己在教学评价中反思。学生参与教学评价往往重感性而轻理性，重外在而轻内涵，甚至对一些教师的教学设计与安排识别不清，在对一个相对完整的教学过程进行评价时，还要注意避免将评价活动情感化或者偏颇化，从而造成评教结果有失科学性和公正性。我们要全维度评价对学生评价进行科学筛选，那种仅仅依据学生的评价结果评判教师教学水平的做法是肤浅的。

四、初中数学探究教学评价体系建构

在探究教学模式下，传统教师主导型评价制度与方法显然跟不上改革的步伐。只有建立以教师自评为主，校长、教师、学生、家长共同参与的评价制度，才能使教师从多种渠道获得信息，对教学活动建立自我认知，从而提高教学水平。尤其要注意学生参与教学评价不能形式化和肤浅化。初中数学探究教学评价应该具备如下特点。

（一）构建探究教学课程评价指标体系应遵循的原则[①]

（1）有效性原则。有效性原则即探究教学课程评价指标体系的效度，是指探究教学课程评价指标体系所能反映实际教学的程度，也就是说，评价指标体系要尽可能最大限度地衡量实际教学。有效性原则与实用性原则有一定关联，要求评价既能反映教学活动效果，又能为教学活动的修正提供评价指导。

（2）可靠性原则。可靠性原则即探究教学课程评价指标体系的信度，是指评价指标的一致性程度，也就是说，不同的评价主体在不同时间对同一个人进行评价所得出的结论应具有一致性。可靠性原则是基于稳定性要求的，可靠的评价才能够得到更广泛的认可。

（3）区分度原则。区分度原则即探究教学课程评价指标体系能够区分好的教学和差的教学的程度，这要求指标体系中各项指标之间是相互独立的，避免重复性指标，另外，指标的权重和评分标准要设计合理。评价本身就带有区别价值与意义，通过教育教学评价，可以区别教学活动的成功与否，也可以区别学生的学习效率与效果，从而做出针对性的调整。

---

① 陆长平，姜锐，邓庆山. 构建探究式教学课程评价指标体系［J］. 中国大学教学，2013（6）：78-80，90.

（4）明确性原则。明确性原则即指标的描述和阐释要清晰、明确，避免产生歧义和理解错误。在教学评价中，切忌标准模糊、维度模糊。很显然，明确性原则有利于建立统一的、公开的、公正的评价标准，从而得出一个能够被大多数人认可的评价结论。

（5）可接受性原则。可接受性原则即探究教学课程评价指标体系应是被评价者普遍接受和认可的，被评价者认为该指标体系具有公正性，并符合和尊重教学规律与教学工作的特点。当评价指标体系不被认可甚至被广泛质疑时，则需要进行反思修正，或者进行解释，从而获得更多的理解与认可。

（6）实用性原则。评价系统的设计和实施都要花费人力、物力和财力，因此在构建探究教学课程评价指标体系时要考虑成本效益原则。指标体系的设计最好简明、便于理解和操作，不能过于烦琐、复杂，尽可能以最低的花费取得最大的效果。某些评价机制看似很完美，但是实际操作困难，不具备实用性。

（二）数学探究教学评价方案

探究教学模式要求教师放弃权威式的教育和管理，推行民主方式的教育与管理，由重知识传授向重学生发展转变，由重教师教向重学生学转变。探究教学更强调学生在教学过程中的主体地位，这就要求教学评价改变原来那种把注意力集中在教师的授课技巧等方面的倾向，而更关注以下几点：

（1）教学目标明确全面、适中可达、具体可测。教学目标明确和全面意味着对教学目标把握的准确，以及追求；教学目标适中可达符合最近发展区教学理论，既不会因为难度过大而造成学生学习困境，也不会过于容易失去挑战性而无法形成有效探究；教学目标具体可测意味着可以更好地使用定性评价，并且体现目标的层次性。

（2）教学方法适当、实用。教学方法适当意味着教学方法的选择是合适的，符合学科特点，符合教师能力，符合学情；实用则有利于教学方法价值的发挥，不至于为了追求方法而出现舍本逐末的现象。探究教学并非适用于所有情况，而是需要根据实际情况确定。

（3）教师的表现为应变有智、组织有序、激励有心。作为课堂教学互动的组织者，教师组织有序代表着组织能力强，教学秩序稳定，同时能够关注学生成长，采用激励的态度促进学生进步，在课堂中，能够根据教学情况生成及时有效的应对方法，展示出良好的教学素质。

（4）学生学习参与程度、思维状态、收获发展。学生的参与程度是指学生在教学过程中是否有充分的时间进行讨论、交流与活动；全班不同层次的学生是否都能积极参与，很好地体验学习过程。学生的思维状态是指学生是否有足够的时间和空间去思考探索问题，思维是否积极活跃，是否能够发现和提出有价值的问题，是否敢于发表自己的见解。学生的收获发展包括知识收获、能力收获、情感态度收获等诸多方面的收获。

（5）课堂探究氛围。是否创建积极主动、生动活泼的课堂氛围；是否建立民主、平等、和谐的师生关系；是否有一定质量、多边、多样的师生和生生之间的交往；是否创设良好的问题情境，激发学生的学习热情；是否善待学生的疑问，激励、引导学生。

（6）学生学习效果。学生是否掌握了知识，是否具备利用已学知识分析问题、解决问题的能力，是否有知识建构的过程，是否改变了学习方式，是否培养了学生主动学习的能力，是否从情感态度上得到升华，是否培养了学生的核心素养，是否提高了学生的数学文化，是否改善了学生的数学思维。

基于以上要点，对初中数学探究教学评价方案简略设计如下：

评价项目	具体表现	评价标准	分值
教学目标	明确、全面、适中可达、具体可测	优秀	4
	明确、全面、适中可达、具体可测（一项不达标）	良好	3
	明确、全面、适中可达、具体可测（两项不达标）	合格	2
	明确、全面、适中可达、具体可测（三项及以上不达标）	不合格	0

续 表

评价项目	具体表现	评价标准	分值
教学方法	掌握多种教学方法并灵活选择教学方法，教学方法适当且实用	优秀	4
	掌握基础教学方法，选择的教学方法适当且实用	良好	3
	掌握基础教学方法，但选择的教学方法勉强合适	合格	2
	教学方法掌握不到位，选择的教学方法不合适，也不实用	不合格	0
教师表现	应变有智、组织有序、激励有心	优秀	4
	组织有序、激励有心	良好	3
	组织有序	合格	2
	组织能力弱，应对无力	不合格	0
学生表现	参与度高、思维状态好、能力情感发展好、学习效果好	优秀	4
	参与度高、思维状态良好、能力情感发展良好、学习效果良好	良好	3
	参与度一般、思维状态一般、能力情感发展一般、学习效果一般	合格	2
	参与度低、思维状态差、能力情感发展差、学习效果差	不合格	0
课堂探究氛围	学生能够独立、主动、积极探究	优秀	4
	学生在教师引导下主动、积极探究	良好	3
	学生在教师引导和督促下能够完成探究任务	合格	2
	学生缺乏探究表现和能力	不合格	0

说明：以上共五个评价项目，评价项目分为四个等级，有对应分值，总分最高为20分，评价总分在17分以上为整体优秀，可以探索更高标准；14~17分为良好，需要继续改进；10~14分为合格，还需要加强基础训练；10分以下为不合格，需要认真反思和进步。

第四章

初中数学探究教学的开展途径

在初中数学探究教学中，需要根据教材内容来探讨具体的开展情况。初中数学包含数与代数、几何与图形、概率与统计、综合与实践四个方面的内容，其中，数与代数、几何与图形、概率与统计主要是以知识学习探究为主，而综合与实践则涉及社会实践探究领域，其探究活动可以覆盖和涉及初中数学的全部知识。初中数学教师要从探究教学的途径出发，结合初中数学课程的教学内容来开展探究教学。

第一节　数与代数领域的探究教学

一、初中数与代数教学——以数的概念为例

代数意味着数学学习思维从具体变为抽象，小学生习惯了具体的数字，认为每一个数字都与现实有着密切联系，现在初步接触代数，会出现某种不适应。为了克服初一新生由于这一转化而引发的学习障碍，教学中教师要特别重视代数基础知识的教学。代数基础知识学习是承小学知识之前，启初中知识之后，是中小学数学衔接的重要环节。教学中教师要把握全章主体内容的深度，从小学学过的用字母表示数的知识入手，尽量用一些字母表示数的实例自然而然地引出代数的概念，再结合代数概念讲述如何列代数式表示常见的数量关系，以及代数式的一些初步应用知识。教师要注意始终以小学所接触过的代数知识（小学没有"代数"的提法）为基础，对其进行较为系统的归纳与复习，并适当加强和提高，使学生感到升入初一学习代数式就像在小学数学中用字母代替数的数学知识升级那样自然，从而减小升学的负效应。

初一代数的第一堂课的教学一般不讲课本知识，而是对学生初学代数给

予一定的描述、指导，目的是在总体上给学生一个认识，使其粗略了解中学数学的一些情况。例如，介绍数学的特点；初中数学学习的特点；初中数学学习展望；初中数学各环节的学习方法，包括预习、听讲、复习、作业和考核等；注意观察、记忆、想象、思维等智力因素与数学学习的关系；注意动机、意志、性格、兴趣、情感等非智力因素与数学学习的联系。虽然这些教学内容不是课本教材内容，但是对于学生接下来的数学学习有着比较重要的引导作用。

学生对于数的概念，虽然在小学数学中已有过两次扩展［一次是引进数0，一次是引进分数（指正分数）］，但小学生对数的概念为什么需要扩展体会不深。从表面上看，到了初一要引进的新数——负数与学生日常生活的联系不很密切，毕竟用日常生活中数的概念去解释负数，对刚接触负数的学生来说有点困难。在小学数学教学中，学生已经习惯"升高""下降"等常见说法，而现在要把"下降5米"说成"升高负5米"是很不习惯的，至于为什么要这样说，一时更不易理解。因此，学生认识引进负数的必要性是初一数学教学中首先遇到的一个难点。

我们在正式引入负数这一概念前，先把小学数学中的数的知识做一次系统整理，使学生注意到数的概念是为解决实际问题的需要而逐渐发展的，也是由原有的数集与解决实际问题的矛盾而引发的新数集扩展，即自然数集添进数0→扩大自然数集（非负整数集）添进正分数→算术数集（非负有理数集）添进负整数、负分数→有理数集……这样就为数系的再一次扩充做好了准备。

在正式引入负数概念时，可以这样处理：在小学学生对运进60t与运出40t、增产300kg与减产100kg的意义已经很明确了，那么怎样用一个简单的数把它们的意义全面表示出来呢？通过问题，从而激发学生的求知欲。再让学生自己举例说明这种相反意义的量在生活中是经常接触到的，而这种量除了要用小学学过的算术数表示外，还要用一个语句来说明它们相反的意义。如果取一个量为基准，即0，并规定其中一种意义的量为正，与之相反意义的量就为负。在数学符号体系中，用"+"表示正，用"-"表示负。

以小学数学认知体系为基础，以现实数量关系为案例，以问题引导为前提，逐步引进正、负数的概念，将会有助于学生体会引进新数的必要性，从而使学生在心理上产生认同，顺利地把数的范畴从小学的算术数扩展到初一的有理数，使学生不至于产生巨大的跳跃感。对中小学生而言，如果知识的跳跃感太强，很容易产生知识分裂感与认知障碍。

初一的四则运算是源于小学数学的非负有理数运算而发展到有理数的运算，不仅要计算绝对值，还要首先确定运算符号，这一点学生开始很不适应。在负数参与计算的情况下，往往容易出现计算上的错误，有理数的混合运算结果的正确率较低，因此需要针对性地加强练习。

对于运算结果来说，其也不再像小学那样唯一了。例如$|a|$，其结果就应分为三种情况进行讨论。这一变化对于初一学生来说是比较难接受的，代数式的运算对他们而言是个全新的问题，要正确解决这一难点，必须使学生在正确理解有理数概念的基础上，掌握有理数的运算法则。对运算法则理解越深，运算才能掌握得越好。初一学生的数学基础尚不能透彻理解这些运算法则，因此在处理上要注意设置适当的梯度，正确的方式是逐步加深，而非直接进入新知识领域。有理数的四则运算最终要归结为非负数的运算，因此绝对值的概念应该是我们教学中必须抓住的关键点。定义绝对值又要用到互为相反数这一概念，数轴又是讲授这两个概念的基础，一定要注意数形结合，加强直观性，不能急于求成。学生正确掌握、熟练运用绝对值这一概念是要有一个过程的。在结合实例利用数轴来说明绝对值概念后，还需要学生在练习中逐步加深认识、进行巩固。

小学数学计算通常局限于对应现实数量关系，而初中数量计算则更加复杂，增加了诸多现代数量知识。初中生的年龄大都为11～15岁，这一年龄段学生的思维正由形象思维向抽象思维过渡。方程思维是新的数量计算思维，初中生因为没有及时转化思维，而是习惯小学的数学定理套用模式来进行计算，并不习惯用未知数建立数量计算关系。小学生习惯算术计算模式，而不习惯代数计算模式，在初中数学教学中通过列方程的方式解应用题教学时，要重视知识发生的过程，尤其是要了解数量关系。因为数学本身就是一种思维活动，教学中要使学生尽可能参与进去，从而形成和发展具有思维特点的数学素养。在用方程模式表示数量关系的教学中，教师要引导学生始终参加审题、分析题意、列方程、解方程等活动，了解列方程解应用题的实际意义和解题方法及优越性，合理设置未知数，找准等量关系，列出方程并求解，让学生养成观察—分析—归纳的良好习惯，这对其未来数学学习都是至关重要的。另外，在初中数学教学中教师还要告诉学生，在数学研究以及现实分析中，有些问题用算术法解决是不方便的，只能用代数法解。对于某些典型题目，在帮助学生用代数方法解出答案后，与算术解法做比较，使学生有更清晰的认识，从而逐渐摒弃用算术解法做应用题的思维习惯。

在代数教学中，教师一定要运用直观、形象的教学方法，让学生获取更多感性上的认识，以使代数学习的效率更高，效果更佳。

二、探究教学的教学策略及案例

（一）创设情境，激发兴趣

情境探究是数学探究教学中的一种常见应用方式。情境是指教学活动中，教师通过各种手段所创设的一个富有情感、美感，生动形象，蕴含哲理的特定氛围，它是一种情感和认知相互促进的教学环境。情境创设影响着学生的学习心情和学习兴趣，从而影响学生参与学习活动的积极性。在情境探究教学模式中，教师可以想方设法创设营造一个良好的学习情境氛围，以利于学生学习活动的开展。兴趣是一个人倾向认识、掌握某种事物或参与该活动的心理特点。学生有了兴趣，就会对这种事物或者活动表现出肯定的情绪态度，乐于去探索，去接受，它对学生的学习活动是一种巨大的推动力量。在实际教学当中，我们可以发现，对学习感兴趣的学生，他在学习上比那些不愿意学而勉强学的学生更为积极，更能坚持不懈，学习效果往往也更好。尤其是数学教学，以往的数学教学往往显得枯燥无味，教师不易调动学生学习的积极性。教师反复灌输知识点与解题技巧，学生的学也是一味地重复式机械练习，从而形成经验技能，这就失去了作为数学课的真正作用，并且也失去了学习的趣味性。现代的数学教学应改变原来只重计算的缺陷，而应重视学生的数学能力，同时更应该注重学生的思维训练，以及培养学生对数学的学习情感。初中数学探究教学要尽可能创设良好的学习情境，教师要想尽一切办法激发学生的学习兴趣。这样就可以充分调动学生的学习积极性，让学生在轻松愉快的教学气氛中，既可以有效地获得知识，又可以陶冶情感，同时还可使学生保持一种积极向上的心境来参与数学学习。

情境的创设也并非胡乱编，教师应该根据教学目标、教学内容，并联系学生的生活实际和已有的经验进行巧妙设置。教师可以通过语言描绘、实物演示、幻灯展示、绘画再现、音乐渲染、多媒体电脑演示等手段来创设合适的学习情境，激起学生的学习情绪和学习兴趣，从而使学生的心理处于一种"我要学"的状态，激发学生主动探索的愿望。初中阶段，学生的直接兴趣占优势，而且思维是以直观形象思维向抽象思维过渡的阶段。因此教师要尽可能地创设一个生动有趣、直观形象的情境，通过这些情境设计，使学生体会到生活中处处有数学，使学生感受到数学与现实生活的密切联系，增强学生学习和应用数学的信心，进而调动学生学习的积极性和兴趣，发展学生的抽象思维。教师在教学中要善于联系教材与学生的实际，设置生动有趣的教学情境，提出富有启发性的问题，激起学生的好奇心，激发学生创造思维的火花。

例如，正数与负数的教学可以这样导入：

师（语言、多媒体、文字等方式演示）：时间：深冬早晨六点；地点：黑龙江省的一个村落；事件：小华戴着厚厚的绒帽子、围巾，把脸都围了起来，穿着厚厚的皮靴子和羽绒服，正在雪地里小心翼翼地行走去上班，风卷着雪花不时地落在他身上，哈出的白气像起了一层雾一样。

师：如果你们是天气预报员，请问，此时此刻当地的温度是多少？

生1：零度以下20摄氏度。

生2：零下25摄氏度。

……

虽然学生扮演天气预报员对具体气温值猜测的误差较大，然而在具体答案中用了"零度以下"或"零下"的字眼，这时，教师就可以顺其自然，以比较自然的方式引出负数的概念。用如此的情境引入新课，若是情境比较有趣，则会给学生以新、奇之感，以趣引路，以情导航，激发学生的兴趣，吸引学生的参与，使学生变"要我学"为"我要学"。

（二）引导参与，探究规律

引导学生主动参与、主动经历学习思考过程，是学生自主尝试探究的核心环节。在初中数学教学中，教师应充分调动学生学习的积极性、主动性和创造性，肯定学生的主体地位，为学生提供充分的学习素材，以及充裕的时间和空间，把学习的主动权交给学生，促使学生最大限度地参与到学习过程中。

探究是指学生围绕学习内容、学习目标、自己的猜测所进行的一切探索与研究活动。在初中数学新知识的学习过程中，学生开始应是尝试着去探究，毕竟面对的是未知的知识领域，心理研究证明，尝试能有效激发学生的学习兴趣和求知欲，尝试能使学生形成敢于探索和尝试的精神。

在具体课堂教学中，教师可以根据所创设的教学情境，让学生尽情地畅所欲言，提出各自的看法，看一看自己能提出哪些数学问题，然后就学生自己提出的问题进行整理，选择出与该堂课教学内容、教学目标密切相关的问题作为学生这节课学习探究的对象。在提出问题的基础上，教师再组织学生进行大胆的算法猜测和答案猜测。在这些猜测中，也许有的是对的，有些是错的；也许有的不是很完整，有的根本不全面。答案本身并不重要，重要的是使学生懂得猜测也是学习数学的一种方法。在学生猜测完规律后，教师可以选择几种具有代表性的方法作为探究学习的对象，让学生进行动手实践，自主探索，自己去解决自己发现的问题以及内含规律。

在学生自主探究的基础上，教师要让学生积极参与小组活动，在小组内讨论和交流自己的探究学习情况。在讨论交流的同时，学生可体会到解决问题的方法的多样性，从而受到创新教育的熏陶，培养数学思维与创新意识。这一切探究活动都是在一定的情境中进行的，也就是学生通过参与各种游戏、表演、谈话、操作、合作等活动，使自己在特定的氛围中主动积极地从事各项智力活动，在潜移默化中进行学习。学生在交流中获得新知，在交流中求得发展。在数学探究学习活动中学习数学，建构新的知识、新的信息，因势利导，帮助提高学生的思维能力与数学素养。

数与代数的内容中充满了用来表达各种数学规律的模型，如代数式、方程、函数、不等式等。因此，在教学过程中教师应该让学生充分经历探索事物的数量关系、变化规律的过程。

例如，完成下列计算的教学：

1+3=?

1+3+5=?

1+3+5+7=?

1+3+5+7+9=?

要求学生根据计算结果，探索其中存在的数学规律。

在探究教学模式中，教师首先应让学生思考：从上面这些算式中，你能发现什么？让学生经历一个相对比较完整的观察、比较、归纳、提出猜想的探索过程。在探究教学中，作为教师，不要仅注重学生是否找到了规律，更应关注学生是否进行了探索思考，启动了数学思维。若学生在规定的时间里未能独立发现其中的规律，教师可以鼓励学生之间相互合作交流，通过合作的方式进一步探索，从数量关系中发现规律。

数量探究活动完成之后，教师还可以根据学生探究学习的实际情况，把该问题进一步推广到一般情形，并进行论证和验证，扩大其使用范围，同时让学生认识到探究结论的正确性有待进一步证明。

（三）让学生经历数学知识的形成与应用过程

初中学段的教学应结合具体的数学内容采用问题情境—建立模型—解释、应用与拓展的模式展开，让学生经历知识的形成与应用的过程，从而更好地理解数学知识的意义，掌握必要的基础知识与基本技能，发展应用数学知识的意识与能力，增强学好数学的愿望和信心。

例如，初一代数中的同类项的教学可以设计为：

教师拿出三小袋硬币，里面有元、角、分不同面值的硬币各若干个。

师：哪位同学愿意数一下这里一共有多少钱？（教师安排数位学生上讲台

来数硬币，学生把硬币一个一个从口袋里拿出来，边拿边数：5角，1元……）

硬币数量不多，两分钟后基本上数完。

一分钟后，第一个学生数完了。

生1：一共　　　元。

具体方法：把1角的硬币10个10个地拿出来，把5角的硬币2个2个地拿出来，然后1元的单独计算数量，很快就可以数出来。

两分钟后，第二个学生数完了。

生2：一共　　　元。

具体方法：把桌上的硬币按照面值单位进行分堆：一堆全是1元的，一堆全是5角的，一堆全是1角的。然后分别数出每一堆的数量，计算出数值，然后将所有的加起来。

两分五十秒后，第三个学生数完了。

生3：一共　　　元。

具体方法：按照最笨的办法，混在一起慢慢数，慢慢加。

师：三位同学用自己的方法数完了这一堆硬币，这是数量比较少的情况，若是有一大堆硬币，哪种数的方法最快？你会怎样数，选择哪位同学的数法？为什么？

学生陷入讨论，很快就整理出了"先分类，再数钱"的思路，教师顺其自然引导学生意识到在数学中对整式也有一种类似的分类，这就是——同类项。

……

这堂课上完之后，有学生说：原来合并同类项和数钱分类是一个道理。

从上述教学案例可知：很多数学知识都是从实际生活中来的，与现实生活有着密切关系，并非凭空捏造出来的。在数学教学中，联系现实开展教学可以更好地引导学生进行探究。

（四）巩固方法，深化提高

数学与现实生活有着密切的联系，解决数学问题实际上也是对现实问题的一种探讨。从本质上来讲，数学学习应该是一件有趣的事，然而长期以来的应试教育抹杀了数学的趣味性，在部分初中生心中，数学已然变得枯燥无味。数学学习之所以失去了魅力与吸引力，根本原因在于机械式的反复练习让数学脱离了其本质，使得部分学生对数学失去了兴趣，甚至产生厌学心理，导致数学教学效果不好。基于此，初中数学教学应对练习采取大胆改革，练习不应有繁、怪、难、偏的题目，题量也不应过多；练习内容应尽量与学生的实际生活、实际经验相结合；练习的形式要多样；练习设计要有趣味性，使学生乐于参与。

我们看课堂实录：初一代数"有理数的加法"。

师：同学们能不能举出一个有理数加法的案例？

生1：以正东方向为正。向西走3m，记作−3，再向东走2m，记作+2m。整个过程向西走了1m，因此，记作−1。

生2：我欠小王3元钱，记作−3。第二天，小王向我借了2元钱，记作+2。结果我还欠小王1元钱，因此，记作−1。

师：刚才两位同学根据自己的实际经验探索出−1的意义，做得非常好。同理，我们也可以探索其他有理数的加法运算的结果。

通过上述课堂设计，我们发现，联系现实生活创建教学情境，展示学习案例，效果很好。一则学生有学习兴趣；二则能够让学生觉得数学知识来源于现实生活；三则能够让学生变得自信，因为自己也可以推导数学计算法则。

（五）总结体验，拓展延伸

经过上述探究教学活动，学生所获得的知识往往是零散的，不完整的，而数学知识体系本身应该是完整且严谨的，因此教师还需要引导学生进行总结，把它融入学生已有的知识体系，促使学生自己所获得的知识进一步具有科学性、严密性，以便于形成数学体系，使学生真正掌握数学知识与形成数学能力。因此在探究教学中，教师可组织学生进行小组讨论交流，进行全班性的讨论交流，在讨论交流中总结概括。切记不是教师总结，而是教师引导、组织全班学生自己进行总结概括。

总之，在初中数与代数的课程教学中，我们应改变传统的教学模式与方法，尽量创设与生活相关的教学情境，使数学课变得生动有趣。基于探究教学

思维创设情境，激发学生学习数学的兴趣与动力，让学生在具体的教学情境中
提出问题，并通过自主探究解决问题，引导学生在探究中学会合作，在探究
中学会创新，最后将所学的数学知识应用于实际生活，用它去解决生活中的实际
问题，真正体现数学的各种价值与功能。

第二节　图形与几何领域的探究教学

一、初中图形与几何领域的探究教学概述

几何是现代数学的重要内容板块，在初中数学课堂上，几何问题更是开发了学生的几何思维，以及平面与立体抽象思维。初中数学教学是培养学生思维的一个新阶段，初中的数学几何教学更是由简单到复杂的思维培训。初中是数学思维能力培养的黄金时期，数学课堂上的几何数学知识学习与训练更是开发学生思维的一个重要知识点。进行数学几何思维探究能力培养适合当前的教育理念，学习探究是学生自主学习的开始，让学生具有主动性，积极地投入到学习中。因此，在初中数学课堂培养学生的几何思维探究能力非常重要。

（一）创造思维课堂，给予学生自主学习的时间

初中数学教学中的几何数学问题是开展数学思维培养的新开始，学生面对的挑战是探究几何世界的奥妙。课堂上开展几何教学是一个具有探究性特征的教学过程。几何探究思维都是要学生自己去发掘启发的，因此给予学生自主学习的时间十分必要。有思考，才有启发，然后才有自己的思维模式，学生需要的是在数学几何中有足够的时间去探索，在数学教学中并不是以标准成绩来评价教学质量的，教学的最终目的是给学生一个启蒙作用，让学生能够发展自身思维模式。初中数学的几何知识学习更需要有思维探究能力的学生，在几何课堂上，教师不应该为了赶教学进度或教学的成功而扼杀学生的探究精神，教师应支持学生在数学几何课堂上进行知识探究，要给那些积极主动的学生一个能力培养的机会。例如，教师在给定几何题目的条件下，让学生思考问一些问

题，如整个题目里面有哪几条线段？思考角度是不是固定的？如果某条线段是固定的，它为什么是固定的？是什么约束了它，不让它动？例如，给定三角形的两条边及其夹角，那么第三条边就是固定的。你可以把边想象成杆，把角想象成可活动的连杆。固定的角就是固定的连杆，如果想让第三条边活动，就必须让角变化，或者把杆折断。教师除了一开始给定题目的条件以外，其他的一切线段、圆、角等都是"生成"的。在几何探究中，学生应该去寻找某个东西是怎么来的，去找到它的源头，从源头出发，找到这个东西的生成过程，再把它写下来，这就是解题步骤了。基于此，教师积极创造思维课堂，给予学生思考与探索的时间是十分重要的。

（二）结合实际操作，让学生在动手中启发思维

在初中数学几何内容教学中，画图操作是培养学生几何思维的一个有效方法，几何的画图有助于学生对复杂几何体进行深刻且具体的了解，学生凭借自己的知识与经验画图获得的知识是最直接的。对初中生来说，画几何图是获取几何思维的直接途径，其更可以培养学生对几何知识的探究能力。学习数学几何首先要对常见的几何模型有深刻全面的认识，也要对常见的几何考点有一定了解。例如，在数学平面几何中就需要考虑到中点到底能有什么用，如何去用。初中阶段中点的作用无非有四种：等腰三角形三线合一、倍长中线构造全等、直角三角形斜边中线、中位线。在数学几何题中，学生要养成画图的习惯，要经常尝试去画图，几何图形画出来以后，要思考接下来到底该怎么做。对初中生来说，几何图形画出来之后，教师可以给予学生一些直观启示。学好几何其实就是要经历尝试—错误—反复尝试—正确这样一个过程，不要去追求一下子得到完全正确的答案，可以把每一种方法都试一试，一定会有某种方法可以解决问题。在初中数学几何课堂上积极进行动手操作也是可以培养学生思维能力的，不断地画图尝试更可以培养学生探索钻研的精神，这些都对学生的思维探索能力养成有着重大影响[①]。

---

① 张颖. 核心素养为导向的中学生数学探究能力培养研究 [J]. 软件（教育现代化）（电子版），2019（10）：189.

（三）加强数学练习，培养几何一题多解的能力

想要学好初中数学几何知识，就离不开大量的练习，数学几何思维的养成也离不开大量探索钻研活动。数学的本质是思考与探究，更何况面对的是几何数学这种抽象的知识体系。对初中生而言，数学思考与探究都是平常大量的练习，在数学课堂上加强数学几何知识练习也是非常有必要的，其中的比较好的方法之一是让学生在面对同一道几何题的时候能够一题多解，或者用一种思路探索多道试题的解答，前者是发散思维，后者是应用思维。一题多解有的可以成功，有的会失败，但经过尝试之后，哪怕没有解决问题，对问题的思考也将非常深入。通过大量针对性练习，培养学生一题多解的习惯或者一种方法解开多道试题，则数学几何解题能力的提升会很明显。几何的一题多解对学生创新思维的培养起到了一定的促进作用，可以使学生去探索更加方便的解题技巧，还可以为学生积累更多的解题经验，以此培养学生思维的灵活性，为培养学生的几何思维探索打下基础。

在初中数学几何教学课堂上，想要培养学生的思维探索能力，就需要创造数学的思维课堂，适当给予学生自主学习的时间，让学生能够在探索中得到启发，更要结合实际几何教学模型进行画图操作。图形结合模式探索解题，让学生在动手过程中探索问题的出现。最后再加强数学课堂上的练习，从而培养学生数学几何的一题多解能力，让学生综合提高自身数学几何的思维能力。

二、初中图形与几何领域的探究教学案例

案例1：基于分类思想探究学习几何1

教学目的：

1. 让学生识别分类讨论思想应用的相关考点。

2. 让学生掌握分类讨论思想在几何中的应用类型。

教学重难点：

1. 重点是分类讨论考点的识别。

2. 难点是分类讨论思想的掌握应用。

教学内容：

一、分类讨论思想

数学问题比较复杂时，有时可以分解成若干小问题或一系列步骤进行分类并分别加以讨论的方法，被称为分类讨论法或分类讨论思想[①]。

二、分类讨论思想应把握的原则

明确对象，不重不漏，逐级讨论，综合作答。

三、分类讨论思想的应用

（一）线段中分类探讨思想的应用——线段及端点位置的不确定性引发的探讨

例1：如图4-1所示，已知直线 AB 上一点 C，且有 $CA=3AB$，则线段 CA 与线段 CB 之比为 3：2或3：4。

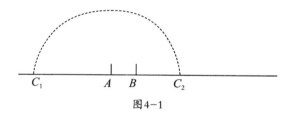

图4-1

练习：如图4-2所示，已知 A、B、C 三点在同一条直线上，且线段 $AB=7$cm，点 M 为线段 AB 的中点，线段 $BC=3$cm，点 N 为线段 BC 的中点，求线段 MN 的长。

解析：（1）点 C 在线段 AB 上。　　（2）点 C 在线段 AB 的延长线上。

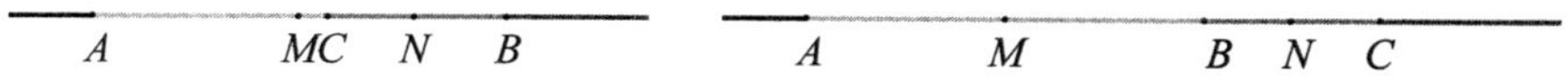

A　　　　M C N　B　　　　　　　　　A　　　　M　　　　　B N　C

图4-2

例2：下列说法正确的是（　　　）。

A. 两条线段相交有且只有一个交点

B. 如果线段 $AB=AC$，那么点 A 是 BC 的中点

①朱金水.分类与讨论的思想［J］.数理化学习（高中版），2002（2）：5-7.

B. 两条射线不平行就相交

D. 不在同一直线上的三条线段两两相交必有三个交点

（二）探究与角有关的分类讨论思想的应用——角的一边不确定性引发的探讨

例3：如图4-3所示，在同一平面上，∠AOB=70°，∠BOC=30°，射线OM平分∠AOB，ON平分∠BOC，求∠MON的大小。（20°或50°）

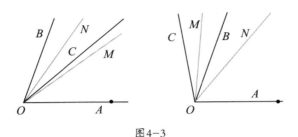

图4-3

练习：如图4-4所示，已知∠AOB=60°过O作一条射线OC，射线OE平分∠AOC，射线OD平分∠BOC，求∠DOE的大小。

（1）射线OC在内。

（2）射线OC在外。

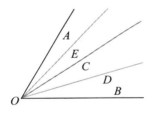

图4-4

这两种情况下，都有∠DOE=$\dfrac{\angle AOB}{2}=\dfrac{60°}{2}$=30°。

小结：（对分类讨论结论的反思）——为什么结论相同？虽然∠BOC的大小不确定，但是所求的∠DOE与∠BOC的大小无关。我们虽然分了两类，但是结果是相同的。这也体现了分类讨论的最后一个环节——总结的重要性。

（三）三角形中分类讨论思想的探究应用

对于三角形的分类，一般有以下四种类型：一是由于一般三角形的形状不确定而进行的分类，二是由于等腰三角形的腰与底不确定而进行的分类，三是由于直角三角形的斜边不确定而进行的分类，四是由于相似三角形的对应角（或边）不确定而进行的分类。

1. 三角形的形状不定确需要分类探讨

例4：在△ABC中，∠B＝25°，AD是BC上的高，且$AD^2=BD \cdot DC$，则∠BCA的度数为_____。

解析：因未指明三角形的形状，故需分类探讨。

如图4－5所示，当△ABC的高在三角形内时，由$AD^2=BD \cdot DC$，得△ABD∽△CAD，进而可以证明△ABC为直角三角形，由∠B＝25°，可知∠BAD＝65°。所以∠BCA＝∠BAD＝65°。

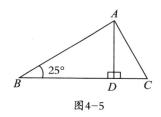

图4－5

如图4－6所示，当高AD在三角形外时，此时△ABC为钝角三角形。由$AD^2=BD \cdot DC$，得△ABD∽△CAD，所以∠B＝∠CAD＝25°。

∠BCA＝∠CAD＋∠ADC＝25°＋90°＝115°。

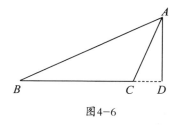

图4－6

2. 等腰三角形的分类探讨

（1）在等腰三角形中求边：在等腰三角形中，给出的边可能是腰，也可能是底边，所以我们要进行分类讨论。

例5：已知等腰三角形的一边等于5，另一边等于6，则它的周长等于_____。

练习：若等腰三角形一腰上的中线将等腰三角形分成周长分别为9cm和12cm两部分，求这个等腰三角形的底和腰的长。

解析：已知条件并没有指明哪一部分是9cm，哪一部分是12cm，因此，应有两种情形。若设这个等腰三角形的腰长是$x$cm，底边长为$y$cm，可得

$$\begin{cases} x+\frac{1}{2}x=9 \\ \frac{1}{2}x+y=12 \end{cases} \text{或} \begin{cases} x+\frac{1}{2}x=12 \\ \frac{1}{2}x+y=9 \end{cases}, \text{解得} \begin{cases} x=6 \\ y=9 \end{cases} \text{或} \begin{cases} x=8 \\ y=5 \end{cases}, \text{即当腰长是6cm时，底边}$$

长是9cm；当腰长是8cm时，底边长是5cm。

（2）在等腰三角形中求角：等腰三角形的一个角可能指底角，也可能指顶角，所以必须分情况讨论。

例6：已知等腰三角形的一个内角为75°，则其顶角为（　　　）。

A. 30°　　　　　B. 75°　　　　　C. 105°　　　　　D. 30°或75°

练习：

a. 等腰三角形一腰上的高与另一腰所成的夹角为45°，求这个等腰三角形顶角的度数。

解析：依题意可画出图4-7和图4-8两种情形。图4-7中顶角为45°，图4-8中顶角为135°。

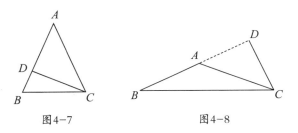

图4-7　　　　　　　　　　图4-8

b. 在△ABC中，AB=AC，AB的中垂线与AC所在直线相交所得的锐角为50°，则底角∠B=_____。

（3）在直角三角形中，直角边和斜边不明确时需要分类探讨。

例7：已知x，y为直角三角形两边的长，满足$\left|x^2-4\right|+\sqrt{y^2-5y+6}=0$，则第三边的长为_____。

解析：由$\left|x^2-4\right|+\sqrt{y^2-5y+6}=0$，可得$x^2-4=0$且$y^2-5y+6=0$。

分别解这两个方程，可得满足条件的解$\begin{cases} x_1=2 \\ y_1=2 \end{cases}$或$\begin{cases} x_2=2 \\ y_2=3 \end{cases}$。

由于没有明确x，y是直角边长还是斜边长，因此需要分类讨论。

当两直角边长分别为2、2时，斜边长为$\sqrt{2^2+2^2}=2\sqrt{2}$。

当一条直角边长为2，斜边长为3时，另一直角边的长$\sqrt{5}$。

当一直角边长为2，另一直角边长为3时，斜边长$\sqrt{13}$。

综上，第三边的长为$2\sqrt{2}$或$\sqrt{5}$或$\sqrt{13}$。

（4）相似三角形的对应角（或边）不确定需要进行分类。

例8：如图4-9所示，在$\triangle ABC$中，$AB=6$，$AC=4$，P是AC的中点，过点P的直线交AB于点Q，若以A，P，Q为顶点的三角形和$\triangle ABC$相似，则AQ的长为（　　　）。

A.3　　　　　B. 3或$\frac{4}{3}$　　　　　C. 3或$\frac{3}{4}$　　　　　D. $\frac{4}{3}$

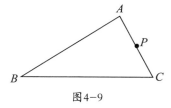

图4-9

解析：由于$\triangle ABC$和$\triangle AQP$有一个公共角（$\angle A$），因此依据相似三角形的判定方法，过点P的直线应有两种作法：一是过点P作$PQ_1 /\!/ BC$，这样根据相似三角形的性质可得$\frac{AQ_1}{AB}=\frac{AP}{AC}$，即$\frac{AQ_1}{6}=\frac{2}{4}$，解得$AQ_1=3$；二是过点$P$作$\angle APQ_2=\angle ABC$，交边$AB$于点$O$，这时，$\triangle APQ_2\sim\triangle ABC$，于是$\frac{AQ_2}{AC}=\frac{AP}{AB}$，即$\frac{AQ_2}{4}=\frac{2}{6}$，解得$AQ_2=\frac{4}{3}$。所以$AQ$的长为3或$\frac{4}{3}$，故应

选B。

四、探究小节

分类讨论思想是解决问题出现不确定性时的有效方法。线段及端点的不确定、角的一边不确定、三角形形状不确定、等腰三角形腰或顶角不确定、直角三角形斜边不确定、相似三角形对应角（边）不确定等问题都需要我们正确地运用分类讨论的思想进行解决[①]。

案例2：基于分类思想探究学习几何2

教学目的：

1. 让学生识别分类讨论思想应用的相关考点。

2. 让学生掌握分类讨论思想在几何中的应用类型。

教学重难点：

1. 重点是分类讨论考点的识别。

2. 难点是分类讨论思想的掌握应用。

教学内容：

一、分类讨论思想

数学问题比较复杂时，有时可以分解成若干小问题或一系列步骤进行分类并分别加以讨论的方法，我们称之为分类讨论法或分类讨论思想。

二、分类讨论思想应把握的原则

明确对象，不重不漏，逐级讨论，综合作答。

三、分类讨论思想的应用

因为分类讨论是初中数学中常用的重要思想方法之一，所以应用极其广泛，也是中考试题中作为考查学生分析问题和解决问题能力的常见题型。

（一）线段中分类讨论思想的应用——线段及端点位置的不确定性引发的探讨

（1）如图4-10所示，已知⊙O的半径为5cm，AB、CD是⊙O的弦，且$AB=6$cm，$CD=8$cm，$AB /\!/ CD$，则AB与CD之间的距离为_____。

---

① 赵井雪. 运用分类思想解决等腰三角形问题［J］. 数学大世界（初中版），2009（Z2）：53-54.

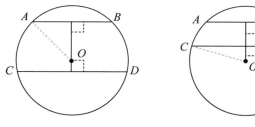

图4-10

（2）A为数轴上表示-1的点，将点A沿数轴平移3个单位到点B，则点B所表示的实数为（　　）。

A. 2　　　　　　B. 2　　　　　　C.-4　　　　　　D. 2或-4

（3）半径为3cm、5cm的两圆相切，则它们的圆心距为＿＿＿＿＿＿。

（4）如图4-11所示，矩形一个角的平分线分矩形一边为1cm和3cm两部分，则这个矩形的面积为＿＿＿＿。

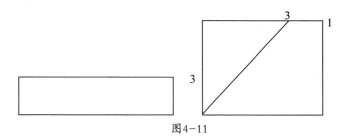

图4-11

（二）字母取值范围不同的分类

1. 在同一坐标系中，正比例函数$y=-3x$与反比例函数$y=\dfrac{k}{x}$的图像的交点的个数是（　　）。

A. 0个或2个　　B. 1个　　　　C. 2个　　　　D. 3个

2. 如图4-12所示，若直线$y=-x+b$与两坐标轴围成的三角形的面积是2，则b的值为＿＿＿＿＿＿。

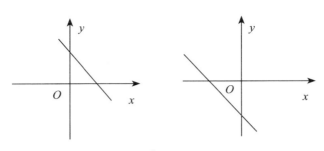

图4-12

（三）分类讨论在等腰三角形中的应用①

（1）在等腰三角形中求边：在等腰三角形中，给出的边可能是腰，也可能是底边，所以我们要进行分类讨论。

已知等腰三角形的一边等于5，另一边等于6，则它的周长等于_____。

（2）在等腰三角形中求角：等腰三角形的一个角可能指底角，也可能指顶角，所以必须分情况讨论。

a. △ABC中，$AB=AC$，AB的中垂线与AC所在的直线相交所得的锐角为40°，则底角B的度数为_____。

b. 已知等腰三角形的一个内角为75°，则其顶角为（   ）。

A. 30°   B. 75°   C. 105°   D. 30° 或75°

c. 等腰三角形一腰上的高与另一腰所成的夹角为45°，求这个等腰三角形顶角的度数。

（3）由于等腰三角形的腰与底不确定需要进行分类。

在直角坐标系中，O为坐标原点，已知点A（1，1），在x轴上确定点P，使得△AOP为等腰三角形，则符合条件的P点共有_____个。

（4）相似三角形的对应角（或边）不确定需要进行分类。

如图4-13所示，在△ABC中，$AB=6$，$AC=4$，P是AC的中点，过P点的直线交AB于点Q，若以A、P、Q为顶点的三角形和以A、B、C为顶点的三角形相

---

① 郭留金.再谈分类讨论在等腰三角形问题中的应用［J］.初中数学教与学，2019（17）.

似，则 AQ 的长为（　　）。

（A）3　　　　　（B）3或 $\frac{4}{3}$　　　　　（C）3或 $\frac{3}{4}$　　　　　（D） $\frac{4}{3}$

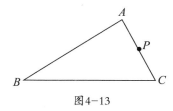

图4-13

（四）分类讨论在平行四边形中的应用

在平面直角坐标系中，三点坐标分别是（0，0）（4，0）（3，2），以三点为顶点画平行四边形，则第四个顶点不可能在（　　）。

A. 第一象限　　　　　B. 第二象限

C. 第三象限　　　　　D. 第四象限

四、综合应用

（1）在社会实践课上，教师请同学们从一张长为17cm、宽为16cm的长方形纸板上（图4-14）剪下一个腰长为10cm的等腰三角形（要求等腰三角形的一个顶点与长方形的一个顶点重合，其余两个顶点在长方形的边上），请你帮助同学们计算剪下的等腰三角形的面积。

16

17

图4-14

（2）如图4-15所示，在矩形 $ABCD$ 中， $AB=20$cm， $BC=4$cm，点 P 从点 A 开始沿折线 $A—B—C—D$ 以4cm/s的速度移动，点 Q 从点 C 开始沿 CD 以1cm/s的速度移动，如果点 P 和 Q 分别从点 A 、 C 同时出发，当其中一个点到达 D 点时，另一点也随之停止运动，设运动时间为 t（s）。

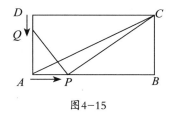

图4-15

（1）当 t 为何值时，四边形 $APQD$ 为矩形？

（2）若⊙P 和⊙Q 的半径都是2cm，那么当 t 为何值时，⊙P 和⊙Q 相外切？

（3）在矩形 $ABCD$ 中，$AB=12$cm，$BC=6$cm，点 P 沿 AB 边从点 A 出发向 B 以 2cm/s 的速度移动；点 Q 沿 DA 边从点 D 开始向 A 以 1cm/s 的速度移动时，如果 P、Q 同时出发，用 t 秒表示移动的时间（$0<t<6$），那么：

（1）当 t 为何值时，$\triangle QAP$ 为等腰直角三角形？

（2）求四边形 $QAPC$ 的面积，并提出一个与计算结果有关的结论。

（3）当 t 为何值时，以点 Q、A、P 为顶点的三角形与 ABC 相似？

五、探究小结

分类讨论思想是解决问题出现不确定性时的有效方法。线段及端点的不确定、三角形形状不确定、等腰三角形腰或顶角不确定、平行四边形的顶点不确定、相似三角形对应角（边）不确定等问题都需要我们正确运用分类讨论的思想进行解决。分类讨论思想不仅可以使我们有效地解决一些问题，同时还可以培养我们的观察能力和全面思考问题的能力。

第三节 统计与概率领域的探究教学

一、概率与统计学习

统计与概率领域主要学习收集、整理、描述和分析数据等的基本方法和概率的初步知识，这知识领域的内容对学生来说应该是充满趣味和吸引力的，而且这部分内容与学生的生活实际联系紧密，在教学中能够更好地体现新课程理念。在以信息和技术为基础的现代社会，数据成为一种重要的信息，为了更好地理解世界，人们必须学会处理各种信息，尤其是数字信息。收集、整理与分析信息的能力已经成为信息时代每个公民基本素养的一部分，统计与概率知识恰好是培养学生这方面能力的最好载体，统计与概率所提供的运用数据进行推理的思维方式已成为现代社会一种普遍使用的思维方式。因此，研究统计与概率的有效教学，引导学生掌握这一基本思想方法，使学生逐步形成统计观念，认识随机现象，不仅能培养学生尊重事实、用数据说话的态度，而且能够从小培养学生科学的世界观和方法论，对提高学生的数学素养具有十分重要的意义。

统计与概率的教学将会涉及解决问题、计算、推理，以及整数、分数、比值等知识，这实际上是知识综合运用的过程。课堂教学不能停留在表面的数据上，也不能把一些统计概念当作一些知识点进行训练，而是要让学生亲历数据分析的过程，体验数据是有信息的，信息是可以加工和提取的，信息是能够为人们服务的。

要实施统计与概率有效性的教学，就要把握好如下四个方面的要求：

要求一：准确分析教材，理解统计与概率教学的要求。

要求二：掌握统计与概率有效性教学的方法和策略。

要求三：根据教材内容，能设计合乎统计与概率要求的有效教学方案。

要求四：通过教学实践和反思，准确把握统计与概率有效性教学的特点。

二、统计与概率教材内容分析

（一）统计

1. 自身结构特点

（1）统计内容围绕如何收集、整理、呈现、描述和分析数据而展开，针对具体情境合理抽样是数据收集和整理阶段需要考虑的核心问题。

（2）各种统计图表是呈现和描述数据较为直观的方式，便于了解数据的全貌，分析数据背后蕴含的信息和规律，从而为决策提供依据。

（3）各种表征数据集中趋势的量数（众数、中位数和平均数）和离散趋势的量数（极差、方差、标准差）为数据分析和统计推断提供了量化工具。

2. 在初中数学中的地位

统计是关于数据处理的分支，与其他初中数学内容所不同的是，它往往与现实生活密切联系，多以归纳推理和合情推理为主，注重对各种统计图表和统计量的合理使用，从而为统计决策提供科学依据。

统计与生活实际是密切联系的，在收集数据、处理数据以及利用数据进行预测、推断和决策的过程中包含着大量活动，完成这些活动需要正确的统计思想观念的指导。统计知识的学习要求学生通过收集数据的活动，学习收集数据的方法，感受收集数据结果的不确定性和多样性，通过整理和描述数据的活动，学习表示数据的方法，体会统计图表在统计工作中的作用；通过分析数据并根据统计结果进行判断和预测的活动，学习分析数据的方法，感受用统计分析数据的合理性与可能性。通过从事统计全过程的活动，学生认识统计在社会生活和科学领域中的应用，感受自然界和社会中大量的随机性以及随机性中存在规律性的统计学最基本的思想，建立统计的观念。

统计与现实生活的联系是非常紧密的，这一领域的内容对学生来说应该是充满趣味和吸引力的。在探究教学过程中合理选择素材，一方面可以使学生在解决实际问题的过程中，克服抽象的概念和方法带来的学习困难，经历数据的收集、整理、描述和分析等活动的完整过程，并在这个探索过程中结合具体案例学习有关的统计知识和方法，体会统计的思想；另一方面，可以使学生感受统计与现实生活的联系，体会数据处理在解决实际问题中的作用。

（二）概率

1. 自身结构特点

初中概率的学习主要有两方面：一方面是从事件本身发生的可能性来把握概率；另一方面是通过大量重复试验用频率估算概率，体现统计与概率的联系。

2. 在初中数学中的地位

现实生活中充斥着大量随机现象。初中数学的概率内容与现实生活紧密相连，教师要帮助学生了解随机现象，学会计算简单随机事件发生的可能性和从频率的角度理解概率，进而为决策判断提供依据。因此，从概率的现实价值来看，它应该是初中数学中不可缺少的组成部分。

统计与概率作为初中数学教学内容的重要领域之一，其课时约占整体的17%。实践表明，学习统计最有效的方法是亲身经历统计活动的基本过程，在收集、整理、描述和分析数据的统计活动中，逐步学会用数据说话，自觉地想到用统计的方法来解决一些问题。

概率是研究随机现象的，即从随机现象中研究其规律。它为应用数学知识解决实际问题提供了新的思想和方法。因此，概率有效性教学的核心问题是让学生了解随机现象与概率的意义。教学中教师应注意引导学生主动参与对事件发生的感受和探索，通过现实生活中学生所熟悉和感兴趣的实例让学生体会随机思想，丰富概率问题的数学化的过程，感受数学的价值。

在教学中，教师必须让学生亲自经历随机现象的探索过程，通过"猜测结果—进行实验—收集实验数据—分析实验结果"，帮助学生对随机事件发生的不确定性及其频率的稳定性有更深入的理解，并正确理解概率的意义，建立正确的概率直觉，澄清日常生活中的一些错误认识，学会用科学的方法观察世界和认识世界[1]。

（三）统计与概率教材的编写特点[2]

1. 体现学习素材与实际问题的紧密联系

在初中统计与概率知识板块，人教版教材特别注意选择典型的、学生感兴趣和富有时代气息的现实问题作为例子，使学生在解决这些实际问题的过程中，学习数据处理方法，理解统计的概念和原理。教材采用与实际问题紧密结合的编写方式，一方面，可以使学生在解决实际问题的过程中，克服抽象的概念和方法带来的学习困难，使学生在分析、解决实际问题的情境中，经历数据的收集、整理、描述和分析等活动的完整过程，并在这个过程中结合具体案例学习有关的统计知识的方法，体会统计的思想；另一方面，可以使学生感受统计与实际生活的联系，体会数据处理在解决实际问题中的作用。

2. 重视统计图与统计表的应用

人教版教材充分利用统计图与统计表直观、清晰的特点，展示实验结果，学生比较容易理解。在当代统计教学及应用中，统计图与统计表是常见的展示方式之一。

3. 注重统计思想和概率计算结果的解释[3]

人教版教材的编写特别重视统计思想的渗透和体现，统计时经常从总体中抽出样本，通过分析样本数据来估计和推测总体情况。用样本估计总体是统计的基本思想。

4. 在具体情境中感知有关概念

虽然统计与概率涉及的概念不多，但对有些概念给出定义是困难的，人教版教材没有刻意去追求严格的定义，而是将重点放在了理解概念的意义上。例

---

[1] 朱炎芳. 概率知识在实际生活中的应用［J］. 中学生数理化（学研版），2009（10）：54-54.

[2] 王学先. 初中统计与概率有效性教学研究［DB/OL］.（2016-11-22）.https：//max.book118.com/htm/2016/1109/6215 2004.shtm.

[3] 郭军维，郭改林.《统计与概率》课标解读［J］. 山西教育（初中版），2006（1）：4-5.

如，在中学阶段是不可能给出概率概念的严格定义的，这也是没有必要的。因此，教材通过大量的例子来说明，让学生感受到概率是对随机现象中规律的一种刻画，是对事情发生可能性大小的一种估计。又如，频数、频数分布等概念都是结合具体问题给出的，没有追求严格的定义。这样淡化概念的处理方式目的是使学生在具体情境中感知有关概念，把注意力放在更好地理解它们在统计中的作用上。

5. 关注统计与概率知识之间的联系

人教版教材注重统计与概率之间的联系，采用了螺旋式上升的编排方式。关于用样本估计总体的思想，要求学生通过丰富的实例感受抽样的必要性，能指出总体、个体、样本，体会不同的抽样可能得到不同的结果，通过实例，体会用样本估计总体的思想，用样本平均数、方差估计总体的平均数、方差等。教材还将统计与概率同其他领域的内容联系起来，从统计与概率的角度为它们提供问题情境，自然地使用其他领域的知识和方法解决统计与概率问题，为培养学生综合运用知识解决问题提供了机会。

6. 积极倡导自主探究与合作交流的学习方式

创设情境—提出问题—自主探索—合作交流—应用拓展的呈现方式是人教版教材的编写风格，统计与概率教学内容板块不仅沿用了这一风格，而且紧密配合统计与概率的知识，给学生提供了充分的探索和交流的时间和空间。

7. 注重现代信息技术与教学内容的整合

重视现代信息技术与教学内容的整合是教材的特点之一，当代统计与概率由于涉及数据处理量巨大，因此需要使用现代信息技术。在数据处理中，使用Office软件、WPS软件，以及SPSS等软件。

三、进行统计与概率探究教学应把握的原则

（一）突出统计与概率的现实意义

统计与概率内容与现实生活密切联系，并且具有很强的现实应用价值。教学时，教师应引导学生通过对各种现实问题的分析，认识到统计与概率的广泛应用以及对做出决策的重要作用。教师应当根据学生的自身特点提供丰富、

能够反映统计与概率思想方法的探索素材，引导他们把对统计与概率的探索从日常生活发展到现实社会和科学技术中感兴趣的领域。例如，在统计教学中，可以从以下渠道获取数据：学生自己的数据，如体重变化情况、身高变化情况等；自己和同伴身边的事情，如每天到学校的时间、全班同学最喜欢的体育运动、戴眼镜的人数等；某些游戏和实验，如掷骰子游戏、抛硬币游戏、研究乒乓球反弹的高度等；媒体上获取的数据，如濒临灭绝的物种及其数量、全省各市每天的温度、各地房价的变动等；研究性问题数据，如不同地段对商店营业额的影响，根据往年本地同一阶段时间的温度记录预测下一年本地这段时间的温度情况；根据对公共汽车不同时间人流量的统计合理地安排发车等。在学习活动中，使学生感受到数学与现实生活的联系，体验数学在解决实际问题中的作用，培养学生务实、求真的科学态度。

（二）加强统计思想与随机观念的渗透和培养

统计知识在日常生活、自然、社会和科学技术领域中有着极为广泛的应用。根据数据思考和处理问题，通过数据发现事物规律，是统计的基本思想。在教学中，教师既要充分利用教材中提供的各种素材，又要密切联系学生的生活实际，联系自然、社会和科学的实际，由学生自己收集、整理相关数据，从中体验各种统计知识和方法之中的统计思想，使学生感受到统计思想是统计知识和方法的灵魂。例如，抽样是本学段统计学习的一个重要内容。这部分内容的重点是通过丰富的实例来感受抽样的必要性、体验抽样的合理性、经历抽样的过程，并根据样本平均数、中位数、众数、方差等统计量的总体特征，体会用样本估计总体的思想。

概率是研究随机现象的，即从随机现象中研究其规律。它为应用数学知识解决实际问题提供了新的思想和方法。因此，概率教学的核心问题是让学生了解随机现象与概率的意义。探究教学中应注意引导学生主动参与对事件发生概率的感受和探索，通过现实生活中学生所熟悉和感兴趣的实例，丰富对概率的背景的认识，体验概率问题深化的过程，感受数学的价值。在教学中，必须让学生亲自经历对随机现象的探索过程，通过猜测结果—进行实验—收集实验数据—分析实验结果，帮助学生对随机事件发生的不确定性及其频率的稳定性有更深入的理解，并正确理解概率的意义，建立正确的概率直觉，澄清日常生活中的一些错误认识，学会用科学的方法观察世界、探究世界与认识世界。

（三）鼓励学生自主探索与合作交流

探究数学学习过程不能单纯地依赖模仿与记忆，动手实践、自主探索与合作交流是学生学习数学的重要方式。数学学习过程应当是充满观察、实验、模拟、推断等探索性与挑战性的活动。例如，在"频率与概率"的教学中，教师应当充分发挥学生的主体作用，积极组织好学生的探索活动和小组合作学习活动，让他们在实验、观察、交流等活动中体会和理解随机事件发生的不确定性及其频率的稳定性等相关内容。学生动手操作、主动参与、统计实验，不但能激发学生的学习兴趣，而且能让学生在反复的统计实验中更好地体会和理解统计思想。

（四）注重培养学生提出问题和解决问题的能力

为了实现培养学生提出问题和解决问题的能力这一目标，首先，教师应使学生获得从数学的角度提出、认识和理解问题的机会，如让学生举出生活中无法预料结果的现象，让学生从数学的角度评价足球比赛发球权的决定方法是否公平（通常足球比赛发球权是抛硬币随机决定的）等；其次，让学生学会用多种方法解决问题，发展多样性的解题方法。例如，知道某事件发生的可能性，要求学生根据这个条件构造一个概率模型，使之满足这个条件，这不仅有助于学生更加深刻地理解可能性，通过学生构造的不同模型，还能培养学生的创造性思维。又如，猜测夏天下雨的天数等，可以根据历史记录和当前的气候条件进行统计分析与概率预测。

四、如何设计合乎统计与概率要求的有效教学方案

（一）指导思想

教学中注重学生数学活动的参与程度，教师应当关注学生能否积极主动地参与各种活动，能否进行独立思考，能否清晰地表达自己的思想，能否反思自己的思维过程。教师应关注学生对知识技能的理解与运用。对知识与技能的理解与运用的评价包括很多内容，如学生能否在具体情境中感受抽样调查的必要性，能否判断抽样方法的合理性，能否多角度感受一组数据的平均水平，能

否理解在不同的情境中选择不同的数据表示一组数据的平均水平，能否从已知的图表中获取信息并进行加工处理，能否熟练地运用计算器处理数据，以及能否对数据处理的结果做出自己的评价，应更多地关注学生在实际情境中对其意义的理解。例如，对于平均数、中位数、众数的概念，关键是看在具体情境中学生对它们的实际应用，以及能否体会这三者之间的区别与联系，而不要过多地关注能否复述它们的定义或其运算的熟练程度。在教学中，教师应该关注学生解决实际问题的能力，包括从现实生活中发现并提出问题的过程，能否清楚表达自己解决问题的过程，能否获得问题的正确答案，能否评价结果的合理性等。在教学时，教师应关注对学生较高层次的思维水平，如设计问题时使用"解释、说明、联系、区别、对比、分析、推断、解决、发现、概括"等能促进较高层次思维的词语来进行提问，以加强对学生数学学习过程和方法的考查。

（二）设计统计与概率探究教学活动的原则

1. 教师对学生的数学活动必须进行探究指导

虽然初中生基于概率与统计所进行的探究活动通常是极其简单的，带有一种游戏的性质，但在具体探究学习的过程中，仍有一定步骤，教师必须给予有效指导。

2. 教师设计的数学活动必须是发展学生思维的活动

探究活动本身并不是目的，而是要通过这些活动使学生得到更好的发展。具体要求分为四个方面：知识与技能的发展，数学思考能力的发展，解决问题方面的发展，情感、态度、价值观的发展。因此探究活动存在一个有效性的问题，一个活动是不是适合这个内容、适合这些学生的问题。

3. 教师组织的小组合作探究学习必须具有实效性

小组合作探究学习是教学中常常用到的策略之一。开展合作探究学习，要给学生群体一个共同的任务，让每一个学生在这一任务中积极承担个人的责任，学生在活动中相互支持、相互配合，遇到问题能协商解决，能通过有效的沟通解决群体内的冲突，对个人承担的任务进行群体加工，对活动的成效共同进行评估，通过合作，提高学习效率，增强合作精神。在开展探究学习评价时，也要分为小组整体评价与个体评价两方面开展。

（三）在教学中不断反思

反思是一种进步，经常反思和总结自己的教学，可以使教学的有效性不断提升。我们可以根据教学经验的积累，不断设计一些反思的问题，并在教学中不断解决和创新。例如，可考虑如下的问题：

（1）对统计教学中数据的收集、整理、呈现、描述和分析有何高招？

（2）如何改进统计与概率的教学？

（3）对统计与概率内容的有效性教学有何考虑？

五、案例展示[①]

教师应结合以上指导思想和统计与概率活动的有效性原则，通过生活中的丰富素材来设计教学案例，使得统计与概率的教学更加科学高效。

探究案例：（活动课题）哪个汉字的使用频率最高？

（调查对象）初二年级语文（下册）教科书

活动步骤：

1.随机抽取教材的7页，全班七个小组每组统计一页；各小组自行设计简单合理有效的调查方案，并实施调查活动。

2.统计该页的总字数及"的""了"两字的出现次数。

3.在全班做小组活动汇报，交流各小组的调查方案和活动心得。

4.将收集到的数据用做好的Excel表格进行数据处理。

案例设计说明：本活动利用学生的语文教材，根据统计与概率活动的有效性原则设计一个数据收集的活动，活动步骤具体明确，并让学生交流活动心得，利用Excel表格对收集到的数据进行处理，提高了活动的效率。在数学教学中，要使学生真正理解数学知识，感悟数学的理性精神，形成创新能力，就应该让学生积累丰富而有效的数学活动经验。

探究中环环相扣的问题串的设计能够活跃学生的思维，加强教师和学生

① 王学先.初中统计与概率有效性教学研究［DB/OL］.（2016-11-22）.https：//max.book
118.com/htm/2016/1109/6215 2004.shtm.

的沟通，鼓励学生参与知识的探究过程，唤醒学生的求知欲，给学生展示自己"才华"的机会，锻炼学生探究问题的能力，目的是使学生巧妙利用所学的知识去认识频率与概率的关系，发现用频率估计概率的方法和思想，经历知识的"再发现"过程。探究活动发展了学生的创新思维能力，提升了学生的知识层面。这项活动不在于学生是否能够想出最优的方案，也不在于学生的运算能力得到怎样的提升，而在于活动的经历和体验，学生能够感受到数学与生活的联系，在积累经验的同时，培养了自己对数学的兴趣以及勤于实践、善于思考、乐于探究的学习习惯。

第四节　综合与实践领域的探究教学

一、综合与实践领域开展探究教学的意义

综合与实践部分的内容是以问题为载体，结合课程目标和内容，以学生自主参与、实践操作、积极探究为主的学习活动。它是数学学习活动的重要内容，是新课程改革的重要成果。

数学综合实践课程是基于学生的直接经验，密切联系学生社会生活和自身生活，体现对知识的综合运用的课程形态。因此数学综合实践活动是一种综合性课程，也是一种经验性课程。具体来说，学生借助已有的知识和生活经验，独立思考或与同学合作，经历发现问题、分析问题和解决问题的过程，感受数学学科各部分内容之间、数学与生活实际之间及与其他学科内容之间的联系。该活动可以激发和培养学生学习数学的兴趣，加深学生对所学知识的理解。实践活动课不仅对培养学生的抽象能力、逻辑思维能力，以及创新能力和实践能力有益，还有利于培养学生的合作精神。

（一）探究教学让数学综合实践活动更有效地实施

许多数学教师在尝试数学活动的教学，但由于一线教师教学任务重，时间精力有限，所以这方面的教学研究得不多。再加上缺乏经验，没有专家的专业指导，因而研究得不深。如何组织、实施这部分内容是很多初中数学教师前所未有的挑战。目前，数学综合实践活动的理论研究较多，对于活动实施层面多为案例研究。许多教师对此存在很多困惑，因此，数学活动的探究教学值得深入分析、探讨，从而让综合实践活动更有效地实施。作者希望从现有的数学活

动素材中挑选出部分有价值的课题研究探究教学。

（二）数学综合实践活动的探究教学能引导学生自主探究

数学活动经验的积累是提高学生数学素养的重要标志。帮助学生积累数学活动经验是数学教学的重要目标，数学活动经验需要在做的过程中和思考的过程中逐步积累[①]。有效的数学探究活动能让学生经历相对完整的数学发生与发展的过程，并且在这一过程中产生思考与探索行为，是学生积累数学活动经验的重要途径。如何实施数学活动的探究教学，让学生有足够的探索交流的空间，经历并体验观察、实验、猜想、证明的过程，从而增加学生的数学活动经验，是本课题需要研究的内容。数学综合实践活动的学习渗透了探究学习的思想和方法，当学生在数学的学习过程中，自觉将它转化为自己的一种学习方式时，探究学习的理念会在学生的思想里生根发芽，然后根深蒂固，演变为一种内在的精神和品质自主思考、自主探索，使他们能够自主、合作、探究地进行数学学习，从而提高学生的实践能力和创新意识。

（三）数学综合实践活动的探究教学研究有助于提高教师的专业素养

数学综合实践活动的有效开展为教师的专业发展提供了一个广阔的空间。教师需要转变观念、更新知识，提高自身的科研能力。具体来说，有以下几个方面：其一，在教学过程中研究的问题往往和实际生活密切联系，部分知识超出了教师的专业领域，这就要求教师有较高的文化底蕴和综合知识。教师要不断自觉地更新知识，充实自己。其二，在数学活动过程中，要求学生在探究学习的过程中合作、交流。在教育学生学会合作的时候，教师自己首先要学会合作，要具有很强的课堂组织管理能力，这是教师面临的又一挑战。其三，数学活动的教学也为教师的发展提供了机遇。通过活动的设计、实施，教师能获得更专业的发展，提高自身的创新精神和创造能力。

---

① 张冬梅.积累数学基本活动经验的探索［J］.教育研究与评论（小学教育教学），2013.

二、初中数学综合实践活动与探究教学的联系

初中数学课程内容有四个部分：数与代数、图形与几何、统计与概率、综合与实践。数学综合实践活动是数学课程的一部分，是一种以问题为载体，学生自主参与研究的学习活动。在综合实践探究活动中，学生将综合运用数与代数、图形与几何、概率与统计等知识和方法解决问题。

初中数学综合实践活动以问题为载体，基于学生的学习经验，密切联系学生的生活实际，对知识进行综合应用。该课程包含的内容丰富，课程的形式多样，以江苏科学技术出版社出版的《数学综合与实践活动》中的活动课为例，有调查研究、数学实验、问题探究等类型，其中的一部分内容很适合运用探究教学方式。

根据数学综合实践活动课程的特点，探究教学符合综合实践活动的特点。探究教学是综合实践活动行之有效的一种教学方式。

首先，数学综合实践活动是一类以问题为载体的数学活动。而数学的探究教学正是从问题出发，让学生紧紧抓住问题，把学生的思维逐步引向深处，引导学生进行主动探究，创造性且有效地解决问题。

其次，数学综合实践活动强调学生的自主探究与主动实践。在探究教学中，学生经历数学研究的过程，教师提供给学生探究与实践的平台，提供充分从事数学活动的机会，让学生自主探索、合作交流，从而激发学习的积极性。

最后，综合实践活动注重实践和过程，具有探究教学的特点，让学生在活动中感受感悟，获得活动的经验。探究教学则注重学习过程中学生的感受和体验。

（一）数学综合实践活动的特点分析

在数学综合实践活动的学习中，学生会综合运用数与代数、图形与几何、统计与概率的知识，甚至是学科外的知识和方法解决问题。下面从该活动内容的几个特点来分析探究教学的适用原因。

1. 问题性

数学综合实践活动是一类以问题为载体，学生自主参与其中的数学学习活

动。数学学习活动必须以数学问题为出发点和归宿，引导学生围绕某些数学问题进行思考，经历发现问题、提出问题、分析问题、解决问题的过程。数学探究教学正是从问题出发，让学生紧紧抓住问题，把学生的思维逐步引向深处，引导学生进行主动探究，创造性地、有效地解决问题，并且引出新的开放性、发散性问题，作为课堂教学的探究结果。

2. 探究性

数学综合实践活动课程是一门重要课程，更加强调学生的自主探究与主动实践，能培养学生的动手能力、运用知识的能力、合作能力及创新能力等。关于综合与实践活动的教学，具体要求为："教师应充分激发学生的积极性，向学生提供充分从事数学活动的机会，帮助在他们自主探索和合作交流的过程中真正理解和掌握基本的数学知识与技能、思想方法，获得广泛的数学活动经验。"[①]在数学探究教学过程中，学生经历数学研究的过程，包括观察分析数学事实、提出有意义的数学问题、探究适当的数学结论、给出解释或证明。教师会提供给学生探究与实践的平台，会给学生提供充分从事数学活动的机会，让他们自主探索、合作交流，从而激发他们学习的积极性。

3. 过程性

数学综合实践活动注重实践、注重过程，有"做数学"的特点，让学生在具体的实践活动中，感受感悟，并获得活动的经验。探究教学正是注重学习过程中学生的感受和体验的教学模式。从探究学习的角度来看，过程是指学生为探索和发现知识所经历的过程。在探究学习中，学生将经历解决问题的探索过程。在这个对知识自主构建的过程中，学生不仅能掌握知识，还能培养发现、分析和解决问题的能力，而且更能从中获得一定的体验。探究过程一方面展示学生在探究过程中暴露的疑问、困难和矛盾，另一方面也展示学生的才能。这种探究过程是学生在学习成长中所必需的，它对学生的终身发展起着重要作用。

[①] 龚志明. 基于新课标的初中数学导学案的设计与实施［J］. 新课程：中学，2014（4）：6-7.

（二）利用探究式教学开展数学综合实践活动的现实环境

随着《全日制义务教育数学课程标准（实验稿）》的发布，我国课程改革进入一个新阶段。数学课程内容改革成为数学课程改革的重点，除了对常规课程如数与代数、图形与几何、统计与概率等领域的内容做了调整外，还对非常规课程实践与综合应用进行了较大修改，将其更名为"综合与实践"，进一步强调了数学知识之间、数学与生活之间、数学与其他领域之间的联系。《全日制义务教育数学课程标准（实验稿）》对学生的培养目标提出了"四基"：基础知识、基本技能、基本思想和基本活动经验。综合与实践可以帮助学生在自主探索和合作交流的过程中理解掌握基本的数学知识与技能，发展动手能力、探究能力、创新能力和运用能力。但这一领域的教学一直是教师比较困惑的问题。新一轮国家基础教育课程改革纲要的一个重要目标就是改变普遍存在的学生被动接受知识的学习方式，倡导学生主动参与的探究学习，主张学生通过实践，增强探究和创新意识，学习科研方法，发展综合能力。数学探究教学则是新课程标准倡导的一种教学模式，注重学生的参与体验，强调在教师的指导下开展具有探究性和创造性的活动。探究教学是发展学生个性、培养学生能力、提高学生素质的重要途径。当下，探究教学正被积极地应用于课堂教学实践。

现代教育技术以及学校的硬件条件也给探究教学提供了有利条件。现代教育技术对教学有着很大的辅助作用。随着网络的不断普及，现代化教学应用程序也在不断更新，为数学教学模式提供了改革的有效手段。音乐、图片、课件、视频、微课等多种现代教育技术改变了传统教学单一枯燥的缺点。学校的综合实践活动丰富多彩，每周一下午第三节课都会在初一开展综合实践活动。这就给数学综合实践活动课程的实施提供了有利的平台。再者，学校配备的数字实验室，配置的多媒体计算机、网络、iPad教学设备、智能手机等支持学习的系统软件，为数学实验教学提供了有利条件。

三、探究教学实施的程式及关键环节

数学综合实践活动这门课程的内容丰富，形式多样，如何在综合实践活动课程中具体实施探究教学？探究教学应该分层次展开，大致可分为操作体验与做中思考、基于情境认知、基于开放性问题三个层次的探究活动。以这三个层次的探究活动为标准，从教师现有的教学资源出发，将部分综合实践活动进行分类研究。

（一）从探究形式上看

1. 以操作体验与做中思考为特征的探究活动

这类探究活动主要是以观察、制作、测量、实验、游戏等活动为支撑，在经过对相关现象产生体验和感悟的基础上，做出猜想，进行合情推理。这样的探究活动操作性较强，形式活泼多样，趣味性强，比较适合有新授知识、思维层次相对较低的内容的学习。这种探究活动设计的起点低，探究的方向和过程基本上是教师确定好了的，属于浅层次、低要求的局部、封闭式探究。

2. 基于情境认知的探究活动

根据学习内容的背景、特征及知识生成中的思维过程，设计相关的问题情境，将探究活动在情境中展开，不仅让探究任务生动有趣，激发学生的学习兴趣，调动其参与的积极性，而且能在情境创设—建立模型—解释应用的分析、思考过程中，丰富探究的内涵，提升探究的层次。因此教师在教学设计中应尽量注重挖掘数学知识存在的背景和意义，并设计出较合理的探究活动情境。

3. 基于开放性问题的探究活动

开放性问题的探究活动可以是条件开放，即条件或过多，或不足，或不够明确，学生无法直接根据给出的条件来解决问题；也可以是结论开放，即结论不是唯一确定的，根据着眼点的不同，可以探索出不同结论；方法开放，即问题的求解思路、方法多种多样。学习内容以一个或多个具有较高思维价值的开放性问题呈现，能吸引学生的注意力，激发学生的认知冲突，能让学生像数学家一样主动思考问题，主动参与，不断尝试，通过猜测、探索、验证等过程，亲身感受和经历数学发现的过程。这就是条件开放、方向不明、结论未知的自由式探究。由于这样的探究活动通常涉及学生的创造性思维、发散性思维、批判反省性思维等高层次思维品质，因而属于数学探究教学设计的最高层次。构建科学、可行而又具有探究价值的开放性问题是这类探究教学设计的关键。

（二）从内容上看

综合实践活动的教学内容主要参考以下教学资源：江苏科学技术出版社出版的《数学综合与实践活动》，教材每一单元后的数学活动的内容，学校的校本课程（如《玩数学做数学》），以这些素材为载体，结合学生的情况，从他们已有的经验出发，为他们搭建一个探索活动的平台，努力创设能够让学生充分活动的平台，让学生体会数学的真正魅力。

（三）从教学的策略上看

从访谈结果来看，教师需要加强对数学综合实践活动课程的研究，根据学生的情况选择合适的内容显得尤为重要。这就需要教师首先对整个初中数学知识体系有较好的把握，还要研究数学综合实践活动的素材，再根据挑选的活动素材精心设计。

1. 选题的依据

（1）基于学生的现实生活经验与实际水平。章建跃先生指出：从一堂数学课的角度来看，要上好一节课，关键在于"三个理解"，即理解数学、理解学生、理解教学。其中，理解学生既要理解学生的认知规律，又要关注学生的情感发展规律；既要理解学生已具备的数学知识与学生的生活经验和已有数学经验的联系，又要理解当前知识与学生已有知识结构之间的差距。这样，学生才能运用现有的知识，运用已有的知识经验，逐步解决问题，逐步提升自我。针对初中学生的年龄特点（他们活泼、好动，有较强的表现欲），教师在选题时应考虑一些学生熟悉的问题，贴近学生现实生活的问题能激发学生的探究热情和兴趣的问题，使学生体会数学的价值。

（2）具有综合性。数学综合实践活动更加强调数学知识之的联系、与其他学科的联系和与生活的联系，所以，教师应根据学生的实际情况，选择合适的选题，创设合适的问题情境，让学生在活动中充分体验数学本身的魅力。学科领域的知识可以在实践活动中延伸、综合、重组与提升，而实践活动中所发现的问题、所获得的知识技能可以在各学科领域的教学中得以拓展和加深。在实施具体的活动主题的过程中，不应仅仅局限在完成某一学科的具体任务上，而应注重各学科任务和内容的相互渗透和延伸。

（3）具有实践性和趣味性。学习兴趣是学习动机的一种最重要的成分，它对学生的学习起着重要作用。所以只有数学活动本身具有趣味性，才能保证学生积极探索[①]。数学活动鼓励学生做中学，通过自己观察、操作、分析、归纳来学习数学知识。因此，在选题的时候，教师要注意把握主题的实践性，让学生充分地活动。

（4）探索性和开放性。主题要具有一定的开放性，主题的深度与广度都必须适当，这样才适合学生自主探究，让学生有能力去猜想、尝试和调整。主题要有一定的探索性，能激发学生的学习兴趣，引导学生主动参与到数学活动中去。

（四）探究活动设计多层次、多样化

在初中阶段，数学综合实践活动的一种形式就是课题学习。关于数学课题学习教学的层次性，有专家认为，数学课题学习能否成功开展，一个重要的环节就是对数学课题学习层次要求的把握。中小学生的生理和心理存在很大差异，与之适应，需要对数学课题学习的形式、难度和结果进行初步的层次分析。数学课题学习有如下三个层次：

基础层次：教师或教材给出问题，给出探究的主要步骤，制定结果呈现形式，对可能出现的问题给予提示。

中间层次：教师或教材给出问题，给出探究过程的简要提示，对结果呈现给出大致的要求。

较高层次：教师或教材给出问题，对探究的步骤、结果呈现形式都不限定，问题有一定的开放性，给学生创新的空间。

在设计探究活动时，以操作体验与做中思考为特征的探究活动属于低层次的探究活动，应给出探究的问题、探究的主要步骤、探究结论的形式，以独立探究、合作探究的形式为主。对于情境认知的探究是属于中等层次的探究活

[①] 王凡.数学学习兴趣及其培养［C］.全国高师会数学教育研究会2006年学术年会.

动，给出问题情境，给出探究的简要提示，对结果呈现给出大致的要求，以小组合作探究为主。对开放性问题的探究是数学探究教学设计的最高层次，如何探究，如何呈现结果都不限定，问题是开放性的，主要采用合作探究、师生共同探究的形式。

（五）实施的步骤

1. 问题呈现，引发探究

探究教学是一种教学方法，通过理论探索和演绎研究两种基本教学层次来诱导学生认识数学对象的本质规律。因此，数学探究教学应围绕一个数学问题开展。

教师应从这个数学问题出发，根据问题的特点，创设合适的问题情境，让学生沉浸其中，明确探究的问题，甚至自己发现问题、提出问题。

以八年级"一次函数的综合应用"为例：

A、B两地相距30km，甲车从A地出发沿AB方向以80km/h的速度匀速行驶，同时乙车从B地出发，以60km/h的速度与甲车同向匀速行驶。

请你结合上述情境提出一个问题，并建立函数关系解决问题。

这一探究通过设置一个开放性的实际问题的情境，以学生熟悉的行程问题为背景，让学生自己发现问题、提出问题。

2. 布置任务，组织探讨

对问题有了初步的认识后，通过观察、猜想、实验、计算、推理、验证等数学活动，进一步提出更为具体的问题，确立探究的基本任务，细化探究的步骤，让探究的步骤清晰、操作性强，防止部分学生不知道要做什么，表面热热闹闹，实际学生却没真正参与探究。

通过观察、思考，将上述问题细化为以下几个具体问题：

（1）这个问题中有函数吗？

（2）你会如何表示这些函数？

（3）你能提出什么问题？

（4）如何来解决这些问题？

3. 确定形式，细化探究

根据探究的问题，确定探究的开展形式。根据探究问题的性质确定是需要个人独立探究还是小组合作探究，什么地方教师需要给予什么样的帮助或者提示。确定完毕后，进入实质性的探究活动。在活动过程中，教师既是参与者，又是指导者，要深入每个小组参与探究，关注小组探究的进程，观察每个学生在活动中的表现，在学生遇到困难的时候，及时肯定学生思维的合理成分，并给予适当的引导。上述问题是一个开放性的问题，采取的形式是独立思考后，进行小组合作探究，探究的问题如下：

（1）你提出了什么问题？

（2）寻找到了什么函数关系？

（3）如何表示函数关系？

（4）如何解决这个问题？

4. 状况交流，过程评价

下一阶段进行探究状况的交流，可以是师生互动，也可以是生生互动，在交流的过程中进行思维的碰撞。学生经历了探究的过程，体验了分析问题、解决问题的过程，哪怕问题没有获得解决，也有了活动的体验，获得了数学活动的经验。学生探究的成果体现为每一活动环节中参与效果的累积，有成功的体验，也有失败的感悟，更有活动的经验积累和活动后的反思。

上述小组合作探究活动完成之后，进行全班交流，小组派一名代表进行汇报，投影该组的作品，汇报解决的问题、建立的函数关系，描述这些函数关系、解决的方案等。在汇报过程中进行很好的互动，也有利于学生合作学习精神的培养。

5. 问题延伸，求异探新

在探究学习过程中，不应以探究出问题的结果作为一次探究学习过程的结束，而应重视学生的生成。当课堂上出现了与教师预设不一样的问题时，教师不应视而不见，而应根据情况和大家共同去探讨新的问题，或者把问题探究和发现解决的过程延续到课堂之外。教师应处理好预设与生成的关系。在适当的时机，若学生接受状况良好，可以将问题进行引申、推广、变式，让学生继续探究，但这更取决于学情。对于那节数学活动课，在探究状况的交流之后，有学生列出了一种未知的函数。因此，设置了如下探究活动：

利用研究函数的经验和方法研究一个新的函数，并解决上述行程问题中提出的部分问题，探究新函数：$y=|x-1|$。

1. 回顾：研究一次函数的过程和方法

2. 探究：

（1）图像如图4-16所示。

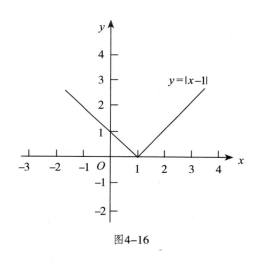

图4-16

（2）观察图像，你能获取到的信息。

（3）与方程、不等式的联系。

练习：①方程 $|x-1|=2$ 的解是：

②不等式 $|x-1|<2$ 的解集是：

（4）解决问题。

通过对该形式函数的研究，你能借助探究的结论解决上述实际问题吗？

6. 反思提升，总结归纳

探究活动后的反思能让学生把经历提升为经验、方法，这种亲身经历的探究才能体现其真正的价值和意义。这种思维训练方式可以培养学生反思的习惯和意识。通过反思，学生能发现自己和他人对原有认识的错误和不足，并从旧的模式或不良的思维定式中解脱出来，及时转向，掌握合理、科学解决问题的途径，让学生更有逻辑性。

在前面的案例中，学生对整个探究活动进行了反思，总结出了用一次函数解决实际问题的一般策略，并且沿用一次函数的研究方法，对新函数的图像与性质进行了研究，并想到应用新函数去解决实际问题。

用一次函数解决实际问题的一般策略如下：

（1）判断是否存在函数关系。

（2）寻找变化过程中的变量。

（3）描述两个变量。

（4）建立模型。

（5）解决问题。

在课堂上，对部分综合实践活动课使用探究教学确确实实提高了学生的参与度。在操作、思考、参与判断或评价、与他人交流的时候，学生能保持浓厚的学习兴趣，更加积极主动地参与到课堂教学中，更体现了学生的主体性。但在实施过程中也遇到了一些问题，思考如下：

（1）教师要提高数学教学的立意。教学是一个过程，不能只聚焦在教学效果上，一定要重视过程的教育价值。学生不仅是一个发现者、探索者，更是一个创造者。在数学综合实践活动的教学中，教师要充分尊重学生、信任学生，以学生为主体，以活动为载体，与学生密切合作，这样才能诱发学生的学习动机，从而充分调动学生学习的积极性、主动性、自觉性和创造性。

现实总是很残酷的，在现行教育体制和评价标准下，中考成绩是教育主管部门和家长对教师和学生的直接评价。教师想开展这样的数学课有时也是有心无力。所以教师要提高数学教学的立意，以学生终身发展为出发点，尽自己所能，在两者之间把握好平衡。

（2）关注探究活动的设计。对一节综合实践活动课，教师要思考其探究内容的层次，针对不同的层次去设计合理的探究活动。一节好课，教学设计合理，层次分明，过渡平稳，浑然一体，学生饶有兴趣，感觉自然，不会有莫名其妙的感觉。设计一个探究活动，要明确探究的目标，分析探究的任务，选择探究的方法以及评价探究的成果。选择既有挑战性学生又能够得着的学习任务作为探究任务，分析该探究活动属于何种层次，再选择相应层次的探究活动形式。另外，设计一个新颖的探究情境也能提高学生的积极性，激发学生的探究欲望，大大提高课堂效率。

（3）关注课堂上探究活动的开展。再好的探究教学设计也要落到实处才能产生好的教学效果。在实际教学中，教师要做好学生的探究向导，可以参与到学生的探究中去，对学习内容、方法等进行指导，随时监控，及时发现问题并灵活处理。教师必须处理好预设与生成的关系。探究活动是一个动态发展的过程，当探究活动没有按照预设进行时，教师要尊重学生的生成，以学生在这一过程中获得知识、提升能力为最根本的目标。

（4）关注探究活动中的学生。学生是课堂的主人，教师如何通过课堂来传授知识，如何培养他们的学习能力及创造精神非常关键。探究学习过程不仅是一个学生主动参与的学习过程，更是一个学习创造的过程。因此，教师在课堂上，对学生的学习能力、接受能力、可塑造能力要进行观察和考证，在教学的过程中尽可能为学生创造空间，以便学生发挥自己的学习能力，使学习变成主动探索和主动创造的过程。

第 五 章

初中数学探究教学的反思与展望

初中数学探究教学的未来发展充满活力，但是也面临诸多需要解决的问题。每一位初中数学教师都应该成为研究者、思考者和践行者，让探究教学更好地开展。我们可以从教学错误中反思探究契机，可以从家庭教育中寻找探究契机，还可以从教学活动中发现探究契机等。每一次反思就是一次进步，每一次反思就是一次探究契机。在反思的前面有着无比美好的景色在等着我们。

第一节　基于错误反思开展探究教学

学生在学习数学的过程中，会出现这样或那样的差错，这是很正常的现象。对于学生的差错，教师应该理解、宽容，而不是斥责、挖苦。其实学生的每一次错误就是一次探究教学的契机[①]。教师从学生的数学差错中如何反思探究呢？

一、从学生的差错中反思学生的学习

学生之所以出错，必然有其内在原因与逻辑，分析其原因是引导探究教学与学生成长的契机。认真分析学生出错的内容和类型，特别是通过纵向跟踪学生出错情况和横向与平行班差错对比情况，可以很好地了解学生的学习差异和存在的缺陷：基础知识和基本技能方面、数学思想方法方面、一般学习能力或数学能力方面、数学情感态度方面，学习习惯方面或班级数学氛围风气方面。学生的学习能力与实际素质之间差异巨大，学生数学出现差错的表现与原因也

---

① 蒋信扬，毛志兵. 利用学生的错误促进学生的成长［J］. 初中数学教与学，2012（2X）：
　29-31.

五花八门。从共性方面来看，当前初中学生总体运算能力弱，几何逻辑推理表述不严密，对数学兴趣不浓，学困生比例大等，教师需要了解情况，才能做好探究教学引导。

二、从学生的差错中反思教师的教学

教师对学生学习的影响很深，初中生之所以会出现学习差错，通常与教师的教学有一定关联。教师的教学风格、教学水平深刻影响着学生的学习，当教师的教与学生的学之间出现冲突或者不匹配情况时，学生就容易犯错。从教的角度反思学生的差错是教师积累经验、提高教学有效性的一条重要途径。

首先要反思是否把握准了学情。有没有真正以学定教？教学目标预设太高还是太低？是否重视学生的学习习惯、猜想、验证，以及合作、探究、自主建构的训练？是否有重数学能力（思维、运算、空间想象、数理统计、解决实际问题能力）训练轻一般能力（阅读、观察、联想、记忆）训练的倾向？重点是否突出？难点是否突破？关键点是否点拨到位？

其次要反思课堂探究是否自主与高效。教了不代表学了，学了不代表学会，学会不代表熟练了。因此自主探究教学的前提是教师分层激励，不放弃每一位学生，且要持续激励，让他们期盼，让他们振奋，让他们成功地参与到学习中来。探究教学课堂的关键在于有没有精彩导入、精讲精练、精心总结，应力避以讲代思、以讲代练。

最后要反思教师的示范与影响。一个不喜欢数学的教师教不出来喜欢数学的学生；一个解题思路和格式凌乱的教师带不出来思维严谨的学生。只有充满激情、热爱数学、热爱学生，并且思维严谨、解题格式规范的教师，才能感染学生、点燃学生学好数学的热情。

三、从学生的差错中反思教材的解读及应用

教材是探究教学材料的来源，也是探究教学的指导书。当代初中数学探究教学要求教师不仅熟悉教材，而且能够对教材进行深度解读，然后根据教材内容设置合理的探究教学内容。学生出现错误之后，教师要反思自己利用教材

的能力，尤其是教材解读与应用，如数学每一章节的内容特点是什么？学习的脚手架在哪里？学生建构学习的最近发展区在哪里？学生之所以在本章节出现差错，是不是因为教师没有根据章节三维目标、难易程度、知识方法的铺垫衔接、学法指导、兴趣和动机的激发等做出不同的教学策略和课堂组织形式的调整？教学是否要做些适当的补充、迁移或删减？例如，当学生用待定系数法求一次函数的解析式时，学生基本上能理解待定系数法，主要是解二元一次方程组时出错。所以学习本章内容时，教师必须着重复习二元一次方程组的解法，补充相应的训练题进行强化训练和提升学生消元法解方程组的能力。

四、从学生的差错中反思防控措施

首先，教师要梳理错误类型，研究学生的致错规律，预测学生其他可能发生的差错，以备课堂重构之用，提高教学能力。探究教学中犯错不可怕，这是正常现象，真正可怕的是持续犯错，不能从错误中吸取教训，成长起来。

其次，要个别辅导与集中讲评相结合，对学生养成的改错习惯进行严格的奖励，培养学生反思差错、改正差错的习惯。学生要知道学生错误的类型，剖析错误的原因，寻找不同的解决策略；警醒和预防出错，不犯低级错误，不犯同样错误；养成一次一步一回头检查的良好习惯，克服思维定式的影响；收集错误、利用错误；梳理曾经的差错，从而突破思维障碍，有效挖掘差错中蕴含的创新因素，从差错中反思，从差错中学习，不断从错误走向正确，走向成功。知识性错误对照矫正，方法性错误重点矫正；偶然性错误立即矫正，习惯性错误变式矫正；个别错误个别矫正，普遍错误集中矫正，意料错误设计矫正，意外错误灵活矫正；可免性错误自我矫正，难免性错误专题矫正。

例如，有这样一道题："a、b分别是$6-\sqrt{5}$的整数部分和小数部分。第一，分别写出a、b的值。第二，求$3a-b^2$的值。"作者在八年级下学期第一次月考时，考完后发现差错很多，针对不同的差错进行讲评。结果一个月后，第二次月考时，原题照搬一字不换地再考一次，全班54人当中，仍然有27人有不同程度的差错，通过分析学生答卷和事后访谈，反思学生：理解不透彻，一知半解，有7人；知道整数部分的结果，但不会用数学语言表述其推理过程，有6

人；小数部分的表述出错，有2人；当时似乎听懂了，但课后没有巩固，第二次考试时凭印象写了一点点，有5人；解题速度慢，没来得及做这道题（这道题安排在倒数第三题），有6人；不会推理，凭感觉乱写、瞎蒙，有1人。可见，教师讲评了不等于学生会了，学生当初订正差错也是应付教师，走过场而已。

反思教学：教师只是面向全班学生集中讲评过一遍，也自认为讲得很清楚很透彻，事实上效果并不好。当时评讲此题，学生听课是否专心致志？对此类出错率高的题型，教师评讲完是否要当堂马上变式训练？对订正不理想的学生是否应有二次订正的惩戒？

反思教材：教材习题中又出现过一次这样的题型，本题第二问考查了二次根式的运算，较贴近本章的学习目标，第一问所考查的并非本章的重点难点，而恰恰第一问又是学生理解和表述的难点，作为单元考题并不太理想。

反思防控措施：靠题组梯度训练。

由此可见，每一次错误都是一次探究契机，学生对错误的反思就是一次探究活动的开展。通过对错误问题的反思与探究，学生能够实现真正的进步。

第二节　基于家庭教育开展探究教学

　　为使孩子全面发展，勇于探究素养是学生必须着力发展的一项核心素养。家长在助力孩子数学探究方面大有可为，因为中小学生与家长相处最频繁、沟通最密切，家庭有效的教育、影响和帮助将会大大提升孩子的探究兴趣和探究能力。家庭教育探究主要集中于数学知识的生活化应用。

一、在数形观察中形成表象

　　表象是客观对象不在主体面前呈现时，主体在观念中所保持的客观对象的形象和客体形象在主体观念中复现的过程。例如，学生认真观察生活中形状大小不一的长方形、正方形，然后在头脑中形成既准确又清晰的表象，进而抽象出矩形的概念。以后一讲到矩形的概念，就要紧扣定义（内涵），还要联想到外延（表象），再借助生活中矩形的表象，进一步学习矩形性质的实际应用就非常顺利了。表象储存越多越准确越清晰，对后续学习越有帮助。事实上，很多孩子平时不注意观察，大脑中表象太少、太模糊。正如数轴概念的学习，如果孩子事前对温度计观察不细致、没有整体观感，必然对温度计没有清晰表象，这是因为缺少了实际背景的支撑，最终对数轴概念的形成、效果有一定影响。因此，家庭教育要十分注重孩子对空间形式和数量关系的观察指导，使孩子形成正确的数感和空间观念。

　　例如，在冲印照片时感知全等和相似，观察生活中的直线、射线和线段，角，平行与垂直，平行线组（联想分线段成比例），各种三角形、平行四边形（包括菱形、矩形）、正多边形、圆形以及蕴含的边、角、对角线、对称性、面积，平移、旋转（汽车雨刮器、风扇叶、空调风摆）；观察本市区地图、本小区的平面图或学校的平面图，获得空间感，发展空间观念；对比例尺（线段比例尺和数字比例尺）、东西南北方向和方向角的认知。

又如，观察生活中大量应用三角形稳定性与平行四边形不稳定性的例子；寻找生活中应用黄金分割的实例（如具有比例美感的人体塑像、工艺尺寸比例、相片构图比例等）；观察家具、窗帘或床单上的图案，思考平移、旋转、对称变换的应用例子。

二、在实践操作中体验数学原理

社会教育学家杜威强调做中学，认为其是反思的最佳方式，强调在做中学的效果：在实践操作中能更好地体验数学原理（包括数学思想方法）。例如，为了求出街边灯柱（或树干）的直径只需测其周长，体会圆的周长与直径关系及其实际应用价值；在折纸过程中体会轴对称、全等、对应点连线与对称轴之间的关系；模仿前人操作探究"周三径一"的结论；通过实际操作验证等底等高的圆柱与圆锥的体积的关系；用T尺或直角三角尺寻找圆形残片的圆心；在打桌球过程中体会将军饮马的最短路径原理；检验家中门框有无歪角？在平面中展开圆柱和圆锥的侧面来理解、体验空间几何体与平面几何图形之间的对应关系；用硬纸制作笔筒（圆柱或长方体），以认识几何体的形状构造及各部分之间的大小尺寸关系；折纸折出正方形、特殊角、黄金矩形；在测量圆柱形积木的直径的过程中思考两条平行切线之间的距离与直径的关系。

三、在交融和碰撞中探究新知

对于孩子的探究活动，家长如能适时给予点拨启发，或与之争辩反驳，孩子便能获得灵感，从而更好地重构旧知，发现新知。

例如，求解"3：00—4：00，分针与时针重合的时刻是几点几分？"这一题，有一家长是这样引导孩子的：让孩子一边操作时钟，一边发现分针和时针都在顺时针方向同时旋转，但快慢有差别，时针和分针每分钟转过的角度分别是0.5°和6°，现在分针在落后30°的前提下要追赶上时针，需要多少分钟？

至此，孩子马上说道："我懂了，这是追及问题。"孩子算出答案后，家长再次引导孩子操作验证，再次引导小结本题特点、与一般追及问题的差异等。

四、在问题解决中应用创新

数学是有用的，家庭中诸多问题都可以应用数学知识来解决。数学在发展孩子的理性思维、创新精神和实践能力等方面具有独特的作用，家长必须重视培养孩子的问题意识，使孩子不断学会发现问题、提出问题、分析问题和解决问题，在问题解决中发展创新能力。

例如，如何统计家庭开支（选用什么统计图、表）？如何计算一个月比上一个月开支的增长率，预测家庭下个月的开支？怎样调查住宅小区内垃圾的数量？家长通过指引观察、实践操作、思维碰撞、问题解决，有效助力孩子数学探究。家长还必须注意如下几点：

（1）对照学校学习进度即相应开展的活动，当学校学习统计与概率时，引导孩子关注统计与概率方面的相关问题。

（2）有效利用或加强创设相关情境或背景，唤醒和激励孩子的探究兴趣、行为规范、态度严谨，使孩子养成良好的探究习惯，发展勇于探究的优良个性。例如，研究小区的垃圾数量与统计问题，可以结合垃圾分类背景开展，效果更好。

（3）加强学习，善于指引，家长做好探究示范影响，亲子协同探究或引导孩子自主探究，在做中学，在做中教；鼓励孩子经历动手操作、探究发现、应用、创新等过程，积累丰富的活动经验。

第三节　基于数学活动开展探究教学

数学活动是一类以问题为载体、以学生自主参与为主的学习活动，它属于综合与实践课程内容，分散安排在每一单元的后面，初中阶段共安排了71个数学活动。教学活动通常联系生活实际，给学生提供了探究学习的机会。如何有效组织数学活动？设疑引探—解疑合探—质疑再探的课堂组织形式，以问题为课堂活动导向，以探究为活动主线，可让数学活动更加精彩、学生数学素养得到升华。

下面以二次函数单元的数学活动1为例，谈一谈作者的探究教学实践与思考。

（1）观察下列两个两位数的积（两个乘数的十位上的数都是9，个位上的数的和等于10），猜想其中哪个积最大。

$91 \times 99, \ 92 \times 98, \ \cdots, \ 98 \times 92, \ 99 \times 91$

（2）观察下列两个三位数的积（两个乘数的百位上的数都是9，十位上的数与个位上的数组成的数的和等于100），猜想其中哪个积最大。

$901 \times 999, \ 902 \times 998, \ \cdots, \ 998 \times 902, \ 999 \times 901$

对于（1）（2），你能用二次函数的知识说明你的猜想的正确性吗？

一、设疑引探

首先，探究问题（1）。

思路一： 计算验证法

方法一（直接计算）

91×99=9009

92×98=9016

93×97=9021

……

方法二（应用多项式乘法或头同尾合十的口诀算法）

91×99=（90+1）×（90+9）=8100+90×（1+9）+1×9=9000+9

92×98=（90+2）×（90+9）=8100+90×（2+8）+2×8=9000+16

93×97=（90+3）×（90+7）=8100+90×（3+7）+3×7=9000+21

……

方法三（应用平方差公式）

91×99=（95–4）×（95+4）=$95^2–4^2$=9025–16

92×98=（95–3）×（95+3）=$95^2–3^2$=9025–9

93×97=（95–2）×（95+2）=$95^2–2^2$=9025–4

……

小结、提问：由对称性可知，只需直接（或巧用公式）计算前五个积，逐个比较，马上可以验证问题（1）中哪个乘积最大。假如三位数乘以三位数，且共有100组，你能快速猜想哪一组的乘积最大并加以说明吗？

【设计意图】在反思中总结方法，在提问中拓展过渡。

思路二：函数建模法

认真观察91×99，92×98，…，98×92，99×91这一列数，积依次在变，是两个乘数中哪一部分的变化引起积在变化？

【设计意图】依据函数本质设置问题。

通过数学抽象和数学建模，问题（1）的任何一个乘积都可以用如下二次函数模型表示：y=（90+x）（90+10–x），x=1，2，3，4，…，8，9。

此二次函数为开口向下的抛物线，交x轴于两点（–90，0）和（100，0），其顶点横坐标x=（–90+100）/2=5，所以当x=5时，乘数（90+x）与（90+10–x）都是95，函数y有最大值，最大值是_____。

学生设什么为自变量x，可能还有不同的设法，教师要及时肯定评价。学生如没有其他不同解法，教师可适当简介下列第一种解法。设什么为自变量x，设什么为函数y，是本思路的第一个难点；建立函数模型后，如何快速地求出函数最大值是第二个难点。教师做好示范后，为降低难度，以填空的形式，一步一步引领学生自主完成如下问题的探究：

若设第一个乘数为x，则第二个乘数表示为_____，设这两个乘数的积为y，则函数关系式为_____，自变量x的取值范围为_____，顶点坐标为_____。所以当第一个乘数为_____，第二个乘数为_____时，函数y有最大值，最大值是_____。

若设第一个乘数为$95-x$，则第二个乘数表示为_____，设这两个乘数的积为y，则函数关系式为_____，自变量x的取值范围为_____，顶点坐标为_____。所以当第一个乘数为_____，第二个乘数为_____时，函数y有最大值，最大值是_____。

二、解疑合探

对于问题（1），我们已经知道，头九尾合十的两个两位数相乘，共有9项乘积，什么情况下乘积最大？但问题（2）中，已扩展到两个三位数乘以三位数，而且扩展至99项乘积，哪个乘积最大呢？怎样说明你的猜想的正确性？请大家先自主思考，在小组交流，最后小组展示。

预设1：学生类比问题（1）的结论得到对问题（2）的猜想；也可以计算问题（2）前面三四个乘积，得到乘积的初步变化趋势，再归纳得到猜想。

预设2：问题（2）中三位数乘以三位数，因为逐个计算要计算99次（考虑到对称性也至少要计算50次），所以学生肯定不考虑计算验证法。

预设3：有了问题（1）的探究经验做铺垫，面对$901×999$，$902×998$，…，$998×902$，$999×901$新情境下建立函数模型解题的必要性和优越性，学生应有较强的意识和感悟，但对解法的迁移、解法训练应是本课的重点，所以必须要求学生写出完整的解题过程：设出自变量x和函数y、列出函数关系式、写出自变量x的取值范围、求出顶点，答题。化解数学活动的难点更要充分体现学生的主体性、参与性，鼓励学生合作交流。

预设4：有了问题（1）的多角度设自变量的经验积累，学生的思维具有一定的开放性。鼓励和引导学生发散思维，教师可以安排两个小组分别展示各自不同的解法。

预设5：学生能总结反思、自主建构。总结探究过程的逻辑联系，反思自己的思想方法，归纳题目蕴含的结论、规律。

至此，本次数学活动的问题全部解决。学生通过类比、归纳等合情推理得到猜想，再验证或证明猜想的正确性。其中，建立二次函数模型来说明猜想正确性的方法既简明，又有说服力，还得到了两个数学结论。教师放手学生自主探究、合作交流，师生角色定位良好。教师设置疑问恰到好处。以问题引导探究活动，使学生在探究中学会发现。自主思考与合作交流相结合，学生综合应用知识解决问题的能力、数学抽象和数学建模的能力得到实实在在的训练。

三、质疑再探

质疑一：问题（2）与问题（1）情境虽然不同，但两者是否反映了一个共同规律？（预设：和一定的两个正数，当它们相等时，它们的乘积最大。分清楚命题的题设与结论，反复读一读、记一记、悟一悟、拓一拓。）

追问1：问题（1）中，头九尾合十，改为头六尾合八，也就是 61×67，62×66，$\cdots$，66×62，67×61 中哪个积最大？

追问2：1×199，2×198，3×197，$\cdots$，197×3，198×2，199×1 中哪个积最大？

【设计意图】通过变式和拓展，逐步加深学生对问题本质的认识。

质疑二：这个规律如何表述？

除了用文字表述，还可以用数学符号语言怎样表示？〔预设：优秀学生可以理解 $a>0$，$b>0$ 时，$ab \leqslant (a+b)2/4$，当且仅当 $a=b$ 时，等号成立。这样，自然地渗透了基本不等式，属于高中内容，教师点到为止，把握尺度。还可结合下面回顾，用典型图形表述。〕

追问1：根据上述结论，你能自编一道类似的最值问题吗？

【设计意图】从不同角度认识问题本质。

质疑三：这个规律有何应用？

"两个正数和一定，积最大"生活中最常用的实例有哪些？（体现数学活动的综合性与实践性。）

回顾探究问题1："用周长为60m的篱笆围成矩形场地，矩形面积s随矩形一边长l的变化而变化，当l是多少米时，场地的面积s最大？"

回顾探究问题2："已知直角三角形两条直角边的和等于8，两条直角边各为多少时，这个直角三角形的面积最大？最大面积是多少？"

回顾探究问题3："某种商品每件的进价为30元，在某段时间内，若以每件x元出售，可以卖出（100–x）件，应如何定价，才能使利润最大？"

回顾探究问题4："点E、F、G、H分别在正方形ABCD的四条边上，四边形EFGH也是正方形，当点E位于何处时，正方形EFGH的面积最小？"也可以改编成剪纸来操作。

【**设计意图**】数学活动作为一个单元内容全部结束之后的综合与实践，是前面学过的例题、习题等主干知识、方法和应用的回顾与复习。

设疑引探—解疑合探—质疑再探的"三疑三探"课堂组织模式充分体现了数学活动的自主参与性、综合性、实践性、开放性；通过深入挖掘教材，以问题为课堂活动导向，调动学生自主思考与合作交流，注重活动经验的积累和思想方法的渗透，学生数学抽象和函数建模等能力得到不断升华。

第四节　基于自主课堂开展探究教学

自主是个体通过意识与能力表现出来的认识、支配自身与认识、支配外界环境的主体状态。每个人都有自主的意识、能力，并能参与一定的自主活动。自主课堂能够为学生提供更大的探究空间。自主课堂既是一种充分重视人的主体精神和师生有机协调的教育思想，又是一种教学方法论，即在教师主导下学生通过自主学习而实现"学会学习"，实现学生的认知、意志和情感的发展，还是一种教学形式，即学生能把自我监控、自我指导和自我强化有机结合起来，教师则对学生的自主学习起促进作用，如激发学生的学习动机，指导学生自我监控，有效利用学习资源等①。

一、教师转变观念

教师主宰课堂转变为学生自主课堂，以学生为本，培养学生独立自主的精神。没有人的独立性和自主性，就没有个性。教育家陶行知说："最好的教育是教学生自己做自己的先生。"

学生自主课堂，就是要打破教师讲，学生听，教师主宰课堂，学生被动接受的传统模式，就是要回归到"尊重学生、依靠学生、解放学生和发展学生"的教育本源上来。

尊重学生就意味着教学民主，教师充分吸引学生参与教学活动，激发他们

---

① 邱炳亮.如何构建学生自主课堂［J］.小作家选刊，2016（36）.

的学习责任感和使命感；依靠学生就是要充分了解学生的兴趣爱好，在教学中培养和发挥他们的兴趣特长；解放学生、发展学生就是要解放学生的创造力和发展学生的潜能。陶行知曾提出：要解放学生的头脑，让他们去想；解放学生的眼睛，让他们去看；解放学生的双手和双脚，让他们去实践；解放学生的时间和空间，让他们去发展。

二、创设自主课堂环境

研究表明，学生都有以下四个最原始的动机和情感需求：归属感、趣味性、情绪安全感、自信心。自主课堂成功与否取决于学生需求被满足的程度高低。

第一，给予学生归属感。当学生感到被充分尊重，被看作教学共同体中的重要一员，能分享课堂控制权利和自由时，教师就能成功地培养出更加负责、自治和独立的学生。教师可以在学习内容、教学程序、学习评价、纪律规范等方面多给予学生民主商议的机会，根据学生的反馈意见来改善自己的教学与管理。灵活采用学生建议的教师讲解、合作交流、独立操练、集体讨论、表演展示等学习方式，课堂一定能学生自主，而且生动活泼。当然，在给予学生权利和自由的同时，教师也要加强学生自我评估、自我记录、自我监控等规范的管理。

第二，给予学生趣味性。正像苏霍姆林斯基所说：让我们的学生在每一节课都享受到热烈沸腾的多姿多彩的精神生活。在课堂中，教师应努力以充沛的感情、专注的精神、坚强的毅力、丰富的想象、生动的语言和娴熟的技艺激发学生的学习热情，通过表扬、激励、引导、参与、组织交往活动等手段，创设生动直观、情趣相生的学习情境，充满激情、活动热烈的交往场景，情真意切、陶冶心灵的艺术氛围，以及相互悦纳、宽松和谐的心理沟通环境，使课堂充满生机和活力。

第三，给予学生情绪安全感。自主课堂是以学生为中心的课堂，而以学生为中心的课堂最为关键的特征是积极的师生关系。当学生感到与教师之间关系融洽、和谐，具有情绪的安全感时，他们就有更强的自我效能感，就更有可能克服各种困难去追求自己的学习目标，而这种克服困难的精神正是自主学习所必需的。

第四，给予学生自信心。信心来自鼓励，教师要鼓励学生进行自我激励和相互激励。相互激励、自我激励与他人激励具有同等效果。因此，为了促进学生的自我管理、自主学习，教师应该鼓励学生进行相互激励和自我激励，要指导学生设置近期的、具体的学习目标，以及设置高水平的但可以实现的学习目标，教会学生把复杂的学习目标分解成具体的、简单的学习目标，在给学生指定学习目标时，陈述完成目标的意义，给学生自选学习目标的空间。

三、各学习活动有机契合

要构建好学生的自主学习，最重要的是教师对学习活动的合理设计与开放组织。学习活动的设计应以问题为纽带，以知识的形成过程和再发展过程以及学生的思维发展过程为主线，以师生合作互动、多向信息沟通、多种感官协调活动为基本方式。开放活动的组织，关键是对自主学习要义的把握，诸如围绕问题展开，突出学习过程，注重学习体验；用问题引导学生独立思考和自主学习，达到认知能力与个性品质的发展；创设动态开放、知情共济的教学情境，引导学生活泼、主动地学习；以个体独学、小组竞学、合作探究等形式组织有效的学习活动。

四、主动探究多维互动

师与生、生与生、个体与群体的互动是自主课堂赖以存在并得以表现的基本形式。交往是师生间、学生间、教学内容和相关信息与教师学生间的互感互动。课堂中的自主交往不仅仅是教学组织形式的简单变化，更联系着个人的责任与义务，牵动着问题解决的宽度和深度。因此，学生主不主动、动不动得起来很关键。

教师要鼓励学生活跃思维，对学生多一些爱心和耐心。在学生主动参与的过程中，免不了有答错问题的时候，教师应该努力做到不轻易指责或批评，也不急于让其他学生代答，而是用多种方法从多个角度启发诱导。

教师要不断强化学生的自我效能感，以确保学生探究问题时有足够的主动性与互动性。例如，为学生提供更多的展示机会，适当降低标准，对较小的成功也及时给予鼓励，让学生更多地体验到成功；还要尽可能地发掘学生的长处并给予其展现长处的机会；为学生设置合适的学习目标，或者把长期的、困难的目标分解成具体的、近期的、简单的目标，使学生体验到目标达成的喜悦；为学生树立合适的学习榜样，对学生的学习进步给予适当的归因反馈。

作者在课题《"四步教学法"在初中数学课程中的研究与实施》的研究中，深刻践行了学生的自主性，如课前自主预习、课堂自我展示、课中总结、课后自我反馈，学生学习效果良好。学生自主的课堂必然是有效的课堂！

第五节　基于活动评价开展探究教学

人教版初中数学内容29章，每章都安排了1～4个数学活动。数学活动具有一定的综合性、开放性和应用性，有利于发展学生的探究素养。此处以"探究木杆平衡原理"为例，浅谈数学活动中如何有效发展学生的探究素养。这节数学活动是在学生有了有理数、整式的加减的基础上，安排在一元一次方程章节末尾，通过学生观察生活现象、实验操作、规律探究、建立一元一次方程模型来设计的。

一、活动教学目标

根据学生的实际情况，以及这个年龄阶段的学生热情高、好奇心强，但不善于表述、归纳等特点，拟订本节活动课的目标如下：

（1）学生经历参与问题情境—实验操作—规律探究—建立模型—应用拓展—反思评价的活动过程，积累活动经验，掌握活动的基本方法。

（2）学生体会从生活现象探究其中蕴含的数学规律，自觉发展实验操作、归纳分析、合作交流、反思质疑的能力和素养。

二、活动重点

积累实践探究和建立一元一次方程模型的经验。

三、活动难点

自觉发展实验操作、归纳分析、合作交流、反思质疑的能力和素养。

结合活动内容的特点及学生的认知规律，从兴趣入手，关注学生的个体差异，采取学生分组活动的形式，给学生足够的时间和空间，实物演示和多媒体辅助相结合。

四、活动的准备

多媒体、支架、砝码，每生一张实验报告单和活动评价表。

五、活动流程如下

（一）问题情境（多媒体显示画面，图5-1）

图5-1

（1）如果两头一样重，挑水时如何找到左右平衡的位置？

（2）如果左重右轻，挑水时如何找到左右平衡的位置？

小明和小红在玩跷跷板（图5-2），可是小红比小明轻，要使跷板平衡，你能想出办法来吗？

图5-2

追问：

① 若在小红这端增加重量，又应该增加多少呢？

② 若小明往前坐，又应该坐到什么位置呢？

【说明】

用学生熟悉的实例作为问题情境引入，为了说明数学源于生活，也将应用于生活。学生根据自己的生活经验，一时无法对上述问题做出准确回答，产生认知冲突，为能有效地激发学生的探索欲望和操作热情做铺垫。

（二）实验操作（多媒体显示实验要求及实验报告单）

实验器材准备：杠杆尺、支架、砝码（图5-3）。

图5-3

学生自由结合，8人一个小组动手实验。

（1）调节杠杆，使左右平衡，记录支点到左右两端的距离a和b。

（2）在杠杆的两端各放一枚砝码，看一看直尺是否仍然平衡，记录支点到左右两端的距离a和b。

（3）在杠杆的一端再加一枚砝码，使两边平衡，记录支点到左右两端的距离a和b。

（4）在有两枚砝码的一端再加一枚砝码，使两边平衡，记录支点到左右两端的距离a和b。

（5）在砝码多的一端继续加砝码，并重复以上操作。

（三）规律探索

实验报告单：

杠杆尺处于平衡时		支点到左端点的距离a与支点到右端点的距离b之间的关系
左端放砝码数	右端放砝码数	
0	0	
1	1	
1	2	
1	3	
1	4	
…	…	…
1	n	

（四）建立模型

通过学生动手实验，比较、分析、交流，能够得出当杠杆尺平衡时，若右端砝码数目是左端砝码数目的n倍，则支点到左端点的距离a是支点到右端点的距离b的n倍，即$a=nb$。

（五）应用拓展

为进一步体现学科知识的整合，加深学生对实验所得规律的认识，提出如下问题：

（1）如果直尺长为L，且在直尺的左端放1枚棋子，右端放n枚棋子，当直尺平衡时，支点应在直尺的什么位置？

（2）结合所学一元一次方程的知识以及分析所得的规律，对跷跷板问题的解决加以表述。

【说明】

学生通过自己的操作活动，以及对实验报告单的分析、归纳，合情推理，揭示规律，他们获得了成功的体验，产生了积极的数学学习情感，体会到了数学实验的价值，增强了数学的应用意识。

（六）反思评价

数学活动课评价表

班级＿＿＿＿＿＿＿ 姓名＿＿＿＿＿＿＿

小组参与者＿＿＿＿＿＿＿＿＿＿＿＿＿＿＿ 日期＿＿＿＿＿＿＿＿＿

评价项目	评价内容	评价标准				评价方式		备注
		优（5分）	良（4分）	中（3分）	差（2分）	自评	互评	
学习态度	1.学习目标明确，重视学习过程的反思，积极优化学习方法。 2.逐步形成浓厚的数学学习兴趣。 3.保质保量按时完成作业。 4.重视自主探索、自主学习，拓宽视野	积极、热情、主动	积极热情但欠主动	态度一般	较差			
学习方式	1.个体的自主学习能力强，会倾听、思考、表达和质疑。 2.有浓厚的学习兴趣，在学习过程中参与度高。 3.能采取合作学习的方式，并在合作中分工明确地进行有序和有效的探究。 4.学习中能自主反思，发挥求异、求新的创新精神，积极地提出问题和讨论问题	自主学习能力强，会倾听、思考、表达和质疑	自主学习能力较强，会倾听、思考、表达	自主学习能力一般，会倾听	自主学习能力较差，不会思考			

续　表

评价项目	评价内容	评价标准				评价方式		备注
		优（5分）	良（4分）	中（3分）	差（2分）	自评	互评	
参与程度	1.认真参加数学学习活动课，积极思考，善于发现问题，勇于解决问题。 2.逐步提高数学表达与交流能力。 3.积极参加数学探究、数学建模活动，加强数学文化的学习。 4.积极参加数学实践活动等	积极思考，善于发现问题，勇于解决问题，表达能力强	积极思考，善于发现问题，勇于解决问题	能发现问题，解决问题能力一般	参与不够积极主动			
合作意识	1.积极参加数学合作学习，勇于接受任务，敢于承担责任。 2.加强小组合作，取长补短，共同提高。 3.乐于助人，积极帮助学习有困难的同学。 4.公平、公正地进行自评和互评，评价过程认真、负责、有诚信	合作意识强，组织能力强，与他人互相提高，有学习效果	能与他人合作，并积极帮助有困难的同学	有合作意识，但总结能力不强	不能很好地与他人合作学习			
探究活动	1.积极尝试、体验数学研究的过程。 2.逐步形成严谨的科学态度，以及不怕困难的科学精神。 3.勇于质疑，善于反思，有创新意识。 4.善于观察分析数学事实，提出有意义的数学问题，猜测、探求适当的数学结论和规律，给出解释和证明，撰写探究活动报告	①对事物的性质、规律及该事物与他事物的内在联系有较深刻的理解	②（同左①）理解较浅	③（同左①）理解模糊	④未理解			

185

续 表

评价项目	评价内容	评价标准				评价方式		备注
		优（5分）	良（4分）	中（3分）	差（2分）	自评	互评	
知识和技能的应用	1.认真观察数学与日常生活和其他学科的联系。2.积极体验数学在解决实际问题中的价值和作用。3.应用数学知识解决实际问题的意识强，增强综合应用能力	能很灵活地运用知识解决问题	较灵活地运用知识解决问题	应用知识技能一般	解决实际问题的能力较差			
其他	情感、态度、价值观的转变。数学认知水平的发展	学习态度、认知水平有很大提高	学习态度、认知水平有较大提高	学习态度、认知水平有些提高	无明显发展特征			
综合评价	小组评价：等级及小结说明：							

教学后记：本课上得很顺利，效果很好，探究教学顺利推动，学生探究能力发展理想。

教学反思与总结：

（1）突出学生为活动主体。学生在教师的引导下自己动手完成实验操作—规律探究—建立模型—应用拓展—反思评价各流程。

（2）教师作为引导者、组织者和合作者，适时有效介入。

（3）充分发挥数学活动的评价作用。

（4）凸显实验探究和数学建模。

参 考 文 献

［1］［法］让・雅克・卢梭.爱弥儿［M］.叶红婷，译.北京：中国轻工业出版社，
2016.

［3］［美］约翰・杜威.我们怎样思维・经验与教育［M］.姜文闵，译.北京：
人民教育出版社，2005.

［4］中华人民共和国教育部.义务教育数学课程标准（2011年版）［S］.北京：
北京师范大学出版社，2011.

［5］中华人民共和国教育部.全日制义务教育数学课程标准（实验稿）［S］.北
京：人民教育出版社，2001.

［6］辛继湘.让探究教学神形兼备［J］.中国教育学刊，2005（1）：38–41.

［7］任长松.探究式学习：18条原则（下）［J］.教育理论与实践，2002（2）：56–
59.

［8］任长松.探究式学习：18条原则（上）［J］.教育理论与实践，2002（1）：
47–50.